FOMENTO PÚBLICO FINANCEIRO

FOMENTO PÚBLICO FINANCEIRO

DO PLANEJAMENTO À GOVERNANÇA

2021

Heloisa Conrado Caggiano

ALMEDINA

FOMENTO PÚBLICO FINANCEIRO
DO PLANEJAMENTO À GOVERNANÇA

AUTORA: Heloisa Conrado Caggiano

DIRETOR ALMEDINA BRASIL: Rodrigo Mentz
EDITORA JURÍDICA: Manuella Santos de Castro
EDITOR DE DESENVOLVIMENTO: Aurélio Cesar Nogueira
ASSISTENTES EDITORIAIS: Isabela Leite e Larissa Nogueira

DIAGRAMAÇÃO: Almedina
DESIGN DE CAPA: Roberta Bassanetto

ISBN: 9786556272344
Junho, 2021

Dados Internacionais de Catalogação na Publicação (CIP)
(Câmara Brasileira do Livro, SP, Brasil)

Caggiano, Heloisa Conrado
Fomento público financeiro: do planejamento à governança / Heloisa Conrado Caggiano. -- 1. ed. -- São Paulo : Almedina, 2021.

Bibliografia
ISBN 978-65-5627-234-4

1. Direito administrativo 2. Direito administrativo – Brasil 3. Estado (Direito) 4. Governança pública 5. Planejamento governamental – Brasil I. Título.

21-62086 CDU-35(81)

Índices para catálogo sistemático:

1. Brasil : Direito administrativo 35(81)

Maria Alice Ferreira - Bibliotecária - CRB-8/7964

Este livro segue as regras do novo Acordo Ortográfico da Língua Portuguesa (1990).

EDITORA: Almedina Brasil
Rua José Maria Lisboa, 860, Conj.131 e 132, Jardim Paulista | 01423-001 São Paulo | Brasil
editora@almedina.com.br
www.almedina.com.br

APRESENTAÇÃO
O FOMENTO COMO PRÁTICA EMANCIPADORA: A IMPORTÂNCIA DE SEU ESTUDO APURADO

Durante muito tempo, o Direito Administrativo brasileiro acostumou-se com poucas ordens de assuntos. Tempos mais singelos do que os que hoje vivemos. Havia quantidade limitada de temas básicos, alguns dos quais persistem a ocupar os debates, como nos exemplos do poder de polícia e do serviço público. Poderíamos falar também de atos administrativos, ou de órgãos e entidades públicas. São matérias distintas entre si, mas que possuem uma lógica integrativa bastante reveladora. Bem vistas as coisas, em todos estes assuntos o que existe é a unilateralidade. O que os une, ao menos em sua visão tradicional, é o fato de serem unilaterais. Esta é a sua marca distintiva. Poder de polícia, serviços públicos, atos, órgãos e entidades não são assuntos que acolhem os cidadãos nem os reconhecem como sujeitos capazes de colaborar com a persecução do interesse coletivo. Neles nada existe que integre o Estado-Administração às pessoas privadas, ou que represente verdadeira colaboração público-privada. Os sujeitos privados não participavam da racionalidade dessas ordens de temas, mas delas eram excluídos. As escolhas e ações eram tomadas pela Administração Pública e os cidadãos assim as recebiam para obedecer (como crianças criadas por pais antiquados).

Em todos os casos (limitações às liberdades; prestações de vantagens; manifestações unilaterais; estrutura orgânica), quem avocava a responsabilidade de decidir e implementar as tarefas era o próprio Estado. Aqui ficava forte a marca do soi-disent "interesse público" e respectiva "supremacia". Vivia-se a racionalidade de um "regime jurídico" de Direito Público fechado, duro e seco, que inclusive se prestava a repudiar o direito das pessoas privadas. Em contrapartida, o acesso às informações e respectivo controle eram escassos. A toda evidência, tais temas persistem importantes, mas sofreram significativas mutações. O poder de polícia já não mais representa a repressão, mas sim ordenação consensual apenas daquelas atividades com efetiva relevância coletiva. Os serviços públicos tornaram-se empreendimentos econômicos que exigem participação privada em sua modulação e execução. Muitos dos atos administrativos são formados consensualmente, inclusive por meio de audiências e consultas públicas. Os órgãos e entidades acolhem as pessoas privadas e com elas dialogam. Os assuntos persistem na ordem do dia, mas diferentes do que um dia foram.

Mais do que isso: tais temas clássicos não são mais os únicos que merecem a atenção do Direito Administrativo. Isso especialmente porque o tempo revelou que existem outros modos de o Estado se relacionar com as pessoas privadas e, assim, construir vantagens coletivas. Não apenas comandos, ordens e prestações, mas também colaboração, incentivos e ganhos prospectivos. Essas novas situações jurídicas, que entrelaçam pessoas privadas e Administração Pública, a fim de que ambas desenvolvam, de modo colaborativo, atividades de interesse coletivo, demanda análise acadêmica à altura do desafio. Exige que a pessoa se debruce com afinco no tema tal como hoje existe, investigue a experiência estrangeira, correlacione os conceitos e proponha soluções. Mas nada disso é fácil e instantâneo.

Como todos sabemos, é sempre mais prático repetir o que já foi dito do que investigar o que efetivamente se passa em situações novidadeiras. Descobrir e desvendar as explicações para novas relações entre os Poderes Públicos e as pessoas privadas exige muito esforço, mas pode gerar bons resultados, como se constata neste primoroso Fomento Público Financeiro: do Planejamento à Governança (o caso do setor automotivo), de autoria da Dra. Heloisa Conrado Caggiano. O fomento, em seus diversos aspectos, era um livro à procura de um autor. Muito embora existam trabalhos acadêmicos muito relevantes (como bem o comprova a bibliografia deste livro), fato é que estava ausente na bibliografia nacional um livro como este, que estabelecesse as premissas cognitivas, examinasse um caso concreto e revelasse quais seriam os próximos passos para aperfeiçoar a prática do fomento.

Este livro tem forte ponto de partida: a exploração e a construção do conceito de fomento financeiro no Direito Administrativo brasileiro (Direito Econômico, se me permitem). Quem diz fomento está falando sobre algo que não se encaixa com precisão nos conceitos clássicos. Não convive bem com a unilateralidade, tampouco com ordens. Afinal de contas, o fomento é mecanismo de *soft law*, que significa a promessa de determinadas vantagens a pessoas privadas, desde que adotem espontaneamente certos comportamentos visados pelos Poderes Públicos. Condutas estas que, em tese, prestar-se-ão a gerar vantagens prospectivas de interesse público e de interesse privado. Benefícios que deverão ser estimados teoricamente e controlados na prática, por meio de métricas predefinidas. Insista-se que aqui existe alteração na ordem natural do Direito Administrativo clássico, eis que o fomento visa a incentivar agentes econômicos privados a que se comportem de modo a que os seus ganhos privados gerem também vantagens coletivas – as quais, de usual, não seriam naturalmente geradas nos respectivos mercados. Por conseguinte, o fim da atividade fomentadora é o de estimular as pessoas (não as obriga a qualquer conduta, nem, muito menos, lhes concede vantagens despidas de esforços).

O fomento, portanto, é emancipador: reconhece a maturidade de determinados agentes econômicos e procura instalar vantagens coletivas advindas de compromissos público-privados. Já não se está diante da relação vertical entre o soberano onisciente (o Estado) e súditos incapazes, mas sim defronte de medidas que reconhecem a capacidade de prover mudanças sociais por meio de estímulos e incentivos oficiais.

Ocorre que, como aponta este livro que tenho a honra de apresentar, o fomento pode gerar inconsistências. Eventualmente, pode não comprovar as vantagens sociais do financiamento subsidiado. Existem programas de fomento aplicados há décadas com pouca transparência, sem evidências prévias que os justifiquem nem controles efetivos de resultados. As informações, que deveriam ser abundantes e de livre acesso, são escassas e opacas. Nestes casos, e como bem o demonstra este Fomento Público Financeiro: do Planejamento à Governança (o caso do setor automotivo), da Dra. Heloisa Conrado Caggiano, exige-se maior atenção.

Ou seja, este livro comprova que é necessário aprimorar as técnicas e o controle das práticas de fomento brasileiras. O que, por si só, já justifica a sua publicação e leitura. Afinal, é de se registrar que ele é versão da dissertação de mestrado que a Dra. Heloisa Conrado Caggiano apresentou no Programa de Mestrado da Escola de Direito da Fundação Getúlio Vargas do Rio de Janeiro – FGV-RJ, o único do Brasil com enfoque especial em Direito da Regulação. Mais: a dissertação foi submetida e aprovada por banca a qual eu tive a honra de compor, ao lado dos professores Sérgio Guerra (o orientador da pesquisa) e Floriano de Azevedo Marques Neto. Assim e como se constata com facilidade da agradável leitura deste livro, muito embora já existam artigos acadêmicos e monografias brasileiras a respeito do fomento financeiro, fato é que o tema exigia maior investigação. Demandava estudos aprofundados, a fim de que fosse bem compreendido, explicado e aplicado – não só pelos operadores, mas também pelos órgãos de controle. O esforço valeu a pena, eis que este livro preenche tal lacuna na produção acadêmica brasileira.

Curitiba, janeiro de 2021.

Egon Bockmann Moreira
Professor de Direito Econômico da Faculdade de Direito da UFPR.
Foi professor visitante nos Programas de Pós-Graduação em Direito da USP e da FGV-RJ (2018).
Mestre e Doutor em Direito. Advogado. Árbitro.

PREFÁCIO

É com muita satisfação e alegria que apresento o prefácio do livro de Heloisa Conrado Caggiano, fruto de sua dissertação brilhantemente defendida no Mestrado em Direito da Regulação, da Escola de Direito do Rio de Janeiro da Fundação Getulio Vargas. A pesquisa enfrenta, com profundidade e inovação, tema pouco explorado nas letras jurídicas: fomento público, uma das mais complexas funções administrativas, notadamente quando é praticada, no âmbito da regulação pública em sentido amplo, por meio de instrumentos financeiros.

O fomento público, função positivada na Constituição Federal de 1988,[1] diferencia-se das demais funções administrativas por ter caráter voluntário, fazendo com que a iniciativa privada adira, espontaneamente, aos instrumentos – dentre eles, o financeiro – disponibilizados pelo Estado. Ao lado das demais funções administrativas, que visam, no Estado democrático de direito, a garantia e realização dos direitos fundamentais (poder de polícia, prestação de serviços públicos, intervenção do domínio econômico e regulação) a função de fomento é incumbida ao Estado visando o estímulo de atividades e ações que visem ao desenvolvimento integrado da sociedade.

A autora destaca que os instrumentos de fomento financeiro são amplamente utilizados no contexto de políticas públicas, visando ao desenvolvimento socioeconômico, por meio da transferência de recursos do Estado para agentes privados. Estes, no exercício de atividades

[1] Constituição Federal de 1988: Art. 174 – Como agente normativo e regulador da atividade econômica, o Estado exercerá, na forma da lei, as funções de fiscalização, **incentivo** e planejamento, sendo este determinante para o setor público e indicativo para o setor privado.

econômicas, em regime de livre iniciativa, são estimulados a promover atividades com potencial de gerar externalidades sociais positivas.

Em que pese a relevância e características dessa função pública, a obra demonstra que não há uma compreensão adequada da importância e complexidade do fomento, fato evidenciado, em parte, pela pouca difusão doutrinária que evidencia a subteorização do instituto, levando autores clássicos a asseverar que o fomento é sempre examinado superficialmente "sem reparar em sua singularidade nem deter-se na caracterização e no estudo dos atos em que se concretiza".[2]

Logo no início da pesquisa a autora confirma a complexidade do tema, ao indicar a necessidade de, a partir da norma constitucional e de normas legais, se buscar o estabelecimento de procedimentos apropriados para exercício dessa função administrativa em etapas (planejamento, estruturação, implementação e governança).

A partir do conceito e classificação da função de fomento, e das premissas estruturadas para a aplicação das técnicas de incentivo estatal sob etapas, a autora apresenta estudo de caso envolvendo o setor automobilístico brasileiro. Suas pesquisas identificam os problemas de implementação associados à falta de planejamento, a problemas na estruturação normativa e à falha de fiscalização.

Aponta, como falta de planejamento, a existência de políticas paralelas com objetivos distintos ou descoordenadas entre diferentes entes da federação. Quanto à estrutura normativa, indica a ausência de clareza das contrapartidas ou baixa adesão privada diante de práticas complexas e, no campo da fiscalização, destaca o risco de descumprimento das contrapartidas ou ausência de medidas eficazes para assegurar o êxito do programa, bem como a falta de transparência estatal na divulgação dos dados relativos à implementação do incentivo.

A partir dos achados empíricos, o trabalho traz densa contribuição doutrinária, prática e original, ao apresentar ampla sistematização, sob a ótica jurídica, das medidas de fomento aplicadas num ambiente de publicidade, transparência e governança pública. Indica, indo além,

[2] POZAS, Juiz Jordana de. *Ensayo de una teoria general del fomento em el derecho administrativo*. Madri: Instituto de Estudios de Administracion local, 1961. p. 41-54.

que o planejamento estatal deve ser coordenado e implementado de acordo com instrumentos e ferramentas, a exemplo da Análise de Impacto de medidas de fomento. Demonstra, com clareza, que com a adoção de instrumentos apropriados pode-se enfrentar uma das maiores críticas sobre o exercício dessa função estatal, exercendo-se tanto a fiscalização quanto a avaliação dos resultados decorrente dos incentivos públicos. Conclui, coerentemente, que diante dos espaços de reflexividade que são de competência e reserva do administrador, permite-se que a utilização do fomento público seja constantemente adequada (*autopoiesis*) às mudanças do sistema econômico e das necessidades públicas.

A originalidade e a qualidade da ampla pesquisa desenvolvida pela autora, cuja determinação e capacidade analítica foram demonstradas desde o início do mestrado na disciplina "Teoria do Estado Regulador", foram confirmadas pela banca, formada pelos ilustres e competentes Professores Floriano de Azevedo Marques Neto (FGV Direito Rio/USP) e Egon Bockmann Moreira (UFPR), referências nacionais no Direito Administrativo e Econômico, além deste signatário na qualidade de orientador.

Está de parabéns a advogada e mestre Heloisa Conrado Caggiano pelo relevante subsídio científico e prático que traz ao direito público brasileiro, oferecendo à comunidade jurídica uma obra atualizada e de leitura obrigatória para aqueles que tenham interesse em compreender melhor a função de fomento estatal.

Rio de Janeiro, janeiro de 2021.

Sérgio Guerra
Professor Titular da Escola de Direito
do Rio de Janeiro – FGV Direito Rio

SUMÁRIO

INTRODUÇÃO

Grande parte dos planos de governo pós Constituição Federal de 1988 contemplou uma série de medidas para atuação do Estado na economia que partiam da concessão de incentivos financeiros a agentes privados[3]. Seja por meio de desonerações tributárias ou de repasse direto de recursos, parte da receita arrecadada (ou que se estimava arrecadar) foi destinada ao desempenho de atividades econômicas em regime de livre iniciativa – e não a atividades prestadas pelo próprio Poder Público (de forma exclusiva, direta ou indiretamente, ou em paralelo à iniciativa privada, como nos serviços de saúde, educação, segurança pública).

Segundo noticiado em 2017[4], as despesas da Administração Pública federal destinadas a atividades privadas – considerando-se renúncias tributárias, e benefícios financeiros e creditícios – já teriam somado R$ 406 bilhões, superando as despesas com saúde e educação (excluindo-se pessoal), Bolsa Família, seguro-desemprego, abono salarial, Programa de Aceleração de Crescimento (PAC), Programa de Financiamento Estudantil (Fies) e Fundo de Manutenção e Desenvolvimento da Educação Básica e de Valorização dos Profissionais de Educação (Fundeb), estimadas em R$ 317,44 bilhões.

[3] A título ilustrativo, das dez metas contempladas no Plano de Governo de Fernando Henrique Cardoso (1999- 2002) seis estavam associadas a estímulos a atividades econômicas prestadas por agente privados. (PSDB, 2002). No primeiro mandato de Dilma Rousseff, o Plano Brasil Maior – que continha a política industrial, tecnológica, de serviços e de comércio exterior do país – continha basicamente instrumentos de fomento financeiro a agentes privados, como benefícios fiscais (foco para desoneração da exportação) e empréstimos subsidiados, com destaque para o papel do BNDES. (BRASIL, 2011).

[4] (MARTELLO, 2017).

Os números revelam que é significativa a atuação estatal na economia por meio dos instrumentos que constituem o cerne da chamada função administrativa de fomento público financeiro, cujo fundamento constitucional reside, sobretudo, no art. 174 da Constituição Federal (CF). Trata-se de técnica para estimular investimentos privados, direcionando-os a alcançar os fins públicos previstos em atos normativos (constitucionais ou infraconstitucionais) ou, a partir desses, definidos pela própria Administração Pública.

Nada obstante a relevância da função, os estudos que vem se desenvolvendo paulatinamente sobre o tema ainda ressaltam a escassez de pesquisa e, sobretudo, de sistematização a respeito do tema. O que em parte se explica pela heterogeneidade dos instrumentos de fomento público, não sujeitos a um rol taxativo (o fomento público pode se dar desde a participação minoritária do Estado em empresas privadas, até a concessão de meios honoríficos), e pela ampla gama de destinatários e objetos dessa atividade. Tais características dificultam – senão impedem – a instituição de um regime jurídico geral de fomento.

Mas a carência de estudos não significa que não haja uma série de problemas associados ao desempenho da função, que demandem seu estudo. Pelo contrário. Segundo Mendonça, entre o *excesso* e a *falta* na concessão dos estímulos públicos financeiros, o seu exercício pode servir de efetivo instrumento de desenvolvimento nacional (como propõe a Constituição federal), ou como a "enésima ajuda do Rei a seus amigos". E com frequência é noticiado na mídia que, não raro, os mecanismos de fomento estatal tem sido utilizados para beneficiar interesses privados em detrimento de fins públicos, caracterizando desvio de finalidade e desrespeito aos princípios da Administração Pública, previstos no art. 37, *caput*, da CF.

O problema reside, portanto, na forma como os recursos públicos vem sendo direcionados aos agentes ou setores econômicos, sob a justificativa de, fomentando-os, alcançar fins públicos. Em especial, há dúvidas a respeito do planejamento, da avaliação dos efeitos destes estímulos (inclusive concorrenciais) e, sobretudo, do acompanhamento da execução e controle dos resultados atingidos (afinal, em matéria de fomento público, os *fins justificam os meios*).

Nestes termos, o estudo ora desenvolvido visa a analisar em que medida o fomento público financeiro vem sendo exercido, em termos procedimentais, de acordo com os parâmetros jurídicos existentes, havendo ilegalidades no seu planejamento, na estruturação dos instrumentos, na implementação e na governança das medidas.

Para tanto, o estudo foi dividido em três Capítulos.

O primeiro, destinado à análise teórica da função administrativa de fomento público financeiro, compreendendo-se o seu conceito (a partir dos principais elementos que compõem a sua estrutura) e a função a que se presta na atuação estatal (como forma de regulação econômica e enquanto técnica para execução de políticas públicas).

O segundo Capítulo contém estudo de caso, averiguando-se na prática como tem se dado o exercício da função administrativa em tela. Em vista da amplitude e do volume dos instrumentos de fomento financeiro em vigência, que impossibilitam estudo exaustivo das medidas, partiu-se da análise dos incentivos destinados ao setor automotivo.

Isso se deve à forma contínua como o Estado vem incentivando os agentes econômicos deste setor, quando menos desde a Constituição federal de 1988, mesmo diante das alterações político-ideológicas sobre a perspectiva de desenvolvimento e regulação de cada Governo durante o período[5].

Além disso, a continuidade da concessão do fomento público ao setor revela a sua importância na economia nacional (ou a existência de forte pressão dos agentes econômicos envolvidos). Este argumento, aliás, é muito utilizado como justificativa das políticas de fomento que foram analisadas. De fato, o crescimento do setor automotivo, por meio da cadeia de fornecimento, é capaz de impulsionar o desenvolvimento de vários outros setores da indústria, tendo o chamado efeito de *arrasto*.

[5] Analisando-se os estudos que retratam os incentivos financeiros estatais concedidos ao setor a partir de 1990, eles podem ser subdivididos em três etapas: os acordos das Câmaras Setoriais, o Regime Automotivo e o Inovar-Auto. A Câmara Setorial Tripartite foi constituída entre representantes do Governo, empresários e empregadores para negociação de medidas protetivas ao setor, após a sua abertura ao mercado internacional. A partir de 1994 vigorou o Regime Automotivo Brasileiro. E, em 2012, com a retomada de políticas industriais visando à inovação, instituiu-se o Inovar-Auto. Isso sem falar de medidas específicas como reduções de IPI, não no contexto de um programa de incentivo, mas como forma de contornar crises internacionais.

E do constante estímulo público ao setor automotivo extraem-se três outros fatores que embasam a sua escolha para o estudo de caso.

Primeiramente, a série de medidas de estímulo implementadas desde a década de 90 permite uma análise crítica comparativa em termos de planejamento e estruturação de cada mecanismo de fomento – ainda que não haja uma conexão explícita entre eles.

Segundo, o lapso desde a implementação do primeiro programa de fomento ao setor (em 1996) permite concluir que volume significativo de recursos públicos já foram a ele destinados, inclusive em forma de renúncia de receita. Saber de que forma estes recursos vem sendo aplicados é relevante. Neste ponto, portanto, o mesmo fundamento que justifica a análise teórica dos instrumentos de fomento financeiro (tema da pesquisa) justifica o recorte da pesquisa.

Terceiro, porque considerando que pelo menos dois dos programas mais recentes já foram concluídos (Regime Automotivo e Inovar-Auto[6]), há análise jurídica e técnica (por parte dos órgãos de controle externo, como o Tribunal de Contas) que auxiliam no estudo crítico das políticas de fomento neste setor.

Por fim, o terceiro Capítulo parte das conclusões extraídas no anterior, somadas aos problemas que têm sido apontados pela doutrina à atividade de fomento, para descrever os parâmetros jurídicos que tem orientado o exercício do fomento estatal financeiro. Ao fim e ao cabo, o objetivo do estudo é fazer uma análise propositiva, avaliando-se de que modo se pode incrementar a atuação administrativa por meio desta função.

[6] Considerando a recente vigência da política setorial atual – o Rota2030 –, instituído através da Medida Provisória 843/2018, e convertido na Lei 13755/2018, este programa de fomento não foi objeto do estudo. Informações podem ser obtidas em <http://www.mdic.gov.br/index.php/competitividade-industrial/setor-automotivo/rota2030#:~:text=O%20Programa%20Rota%202030%20%2D%20Mobilidade,um%20regime%20tribut%C3%A1rio%20especial%20para>, acesso em 4 set. 2020.

1. O FOMENTO PÚBLICO FINANCEIRO

A Constituição federal – e alguns atos legislativos relativos ao tema – estabelecem a estrutura da Administração Pública, atribuindo-lhe um rol de finalidades que devem servir de norte à sua atuação, e de fundamento à sua existência.

Coordenando-se esses dois elementos (estrutura e função), a doutrina categoriza a atuação administrativa em três principais eixos[7]: serviço público, poder de polícia e fomento, definindo-se um regime jurídico geral aplicável a cada uma delas.

A análise da atuação administrativa em concreto, porém, revela dificuldades para conceituação destas atividades – o que é inerente à pretensão de reduzir a complexidade da realidade a categorias amplas e estanques, para facilitar a sua compreensão.

Revela também que uma mesma atividade congrega instrumentos de naturezas jurídicas distintas, demandando regimes jurídicos específicos, nada obstante apresentarem os elementos em comum que permitem associá-los àquela atividade.

Os pontos a seguir visam a enfrentar essas dificuldades para estruturar um conceito de fomento público a partir dos seus principais elementos (destinatários, objeto, forma e finalidade), dando ênfase aos instrumentos de fomento público financeiro e ao papel que desempenham (função) na atuação da Administração Pública.

[7] Esta classificação tripartite é a mais referida pela doutrina, atribuída a Jordana de Pozas (1949, p. 46).

1.1 O conceito do fomento público

A atividade de fomento constitui exercício de função administrativa, sendo orientada pelos princípios contidos no art. 37, *caput*, da Constituição Federal, dentre eles, a impessoalidade. Isso significa, à luz do princípio republicano, que ela deve ser exercida a fim de atingir necessidades públicas, tanto quanto o exercício das funções de poder de polícia ou a prestação de serviços públicos (para usar a classificação tripartite das funções administrativas de Luis Jordana de Pozas).

Em se tratando de função administrativa, o conceito de fomento é usualmente desenvolvido a partir da distinção em relação às duas outras funções, identificando-se os atributos que permitem, de fato, delimitá-la. A solução teórica não é simples. Sobretudo porque se somam aqui as divergências não só em relação ao conceito de fomento, mas da própria noção de serviço público. Há muito a doutrina se debruça sobre esses conceitos sem que até hoje haja consenso.

De todo modo, é possível indicar elementos caracterizadores de cada função administrativa, o que permite identificar seu núcleo (o conceito), ainda que a análise concreta revele uma zona de incerteza quanto aos limites de cada uma. E isso é relevante na medida em que, a depender da função, o regime jurídico aplicável será distinto.

Assim é que se compreende o fomento público como conjunto de *instrumentos* disponíveis à Administração Pública para oferecer estímulos a *agentes privados*, que exercem *atividade econômica em regime de livre iniciativa*, para incitá-los a – *voluntariamente* – aderir aos *fins públicos* visados pelo agente fomentador, a partir de normas jurídicas de maior ou menor grau de especificação[8].

Cada um destes elementos será analisado a seguir.

[8] Este conceito por óbvio exclui diversas atividades administrativas que muitas vezes a própria legislação denomina de fomento, como a relação entre poder público e as organizações sociais. Isso é necessário na medida em que estabelecer um conceito muito amplo torna-o pouco explicativo e desnatura a lógica da categorização de fenômenos em conceitos.

1.1.1 Destinatário e objeto: agente privado e atividade econômica em regime de livre iniciativa

Ao criar a classificação tripartite de funções administrativas, Jordana de Pozas caracterizou o fomento estatal enquanto função que visa a promover atividades privadas e – simultânea e indiretamente – atender a necessidades públicas, sem criar serviços públicos ou usar da coação. Eis o primeiro ponto de divergência doutrinária sobre o conceito de fomento estatal: se ele deve ser destinado apenas a agentes e atividades privadas, ou se pode haver fomento estatal a entes estatais ou atividades submetidas a regime de serviço público.

Em sentido positivo, Garrido Falla, Palomar Olmeda e Losada González[9] caracterizam o fomento estatal como atividade administrativa destinada a promover ou proteger diretamente interesses privados *ou de outros entes públicos*, e indiretamente necessidades públicas do ente fomentador. Esta noção parte da premissa de que existem múltiplos interesses públicos, na medida em que a Administração é um ente complexo, composto de diversos centros de decisão (teoria do órgão[10]). Como há vários entes estatais que integram a Administração, cada um promovendo interesses públicos distintos, seria possível que um atuasse de modo a fomentar outro, estimulando-o a atingir simultaneamente as necessidades públicas promovidas pelo ente fomentador.

A diferenciação instala discussões, não só quando ocorrem repasses de valores entre entes da Administração, mas quando um mesmo ente destina valores para prestação indireta de serviço de sua titularidade. Por exemplo, a destinação de subsídios para auxiliar na execução de um contrato de concessão de serviço público. Se o serviço é de titularidade do próprio agente fomentador, este repasse pode ser considerado atividade de fomento?[11]

[9] (GARRIDO FALLA; PALOMAR OLMEDA; LOSADA GONZÁLEZ, 1992, p. 301 *apud* MELLO, 2003, p. 20).

[10] Segundo Mendonça (2017), a teoria do órgão foi desenvolvida por Otto Gierke, partindo da premissa de que as pessoas jurídicas manifestam suas vontades e ações por meio de órgãos.

[11] Sobre o tema, vide Mendonça (2010, p. 128); Caggiano (2017).

Tendo em vista essa problemática, o primeiro traço distintivo do fomento estatal, tal qual desenvolvido neste trabalho, consiste no *destinatário da atuação fomentadora e seu objeto*. Consideram-se destinatárias as pessoas jurídicas de direito privado[12] no exercício de atividades econômicas[13] pautadas de forma imediata por interesses privados.

Excluem-se do conceito, pois, os auxílios interadministrativos (repasses públicos feitos a outros órgãos ou entidades públicas, da mesma esfera ou de outras esferas de Governo[14]).

Ademais, são excluídos os valores destinados à execução de contratos de gestão (Lei n. 9.637/1998), celebrados com organizações sociais para estímulo de atividades relacionadas a ensino, pesquisa científica e tecnológica, proteção do meio ambiente, cultura e saúde, aos quais a própria lei aplica em parte o regime jurídico dos serviços públicos[15]. E ainda, os repasses para execução dos Termos de Parceria celebrados com OSCIP (organizações da sociedade civil de interesse público), também qualificados por lei como instrumento de estímulo de atividades de interesse público não exclusivas do Estado, em áreas como saúde, educação, cultura, meio ambiente e desenvolvimento econômico (regulamentadas Lei n. 9.790/1999, alterada pela Lei n. 10.539/2002).

Isso porque em ambos os casos as organizações atuam de forma *direta* para a realização dos fins públicos (não se trata de mera liberalidade),

[12] Em sentido contrário, na Espanha, o conceito de subvenção que consta da Lei Geral de Subvenções (Lei n. 38/2003, art. 2°) inclui repasses feitos em favor de pessoas públicas para financiar (fomentando) a realização de atividade de utilidade pública ou interesse social, ou de promoção de finalidade pública. No mesmo sentido, o conceito de fomento desenvolvido por Moreira Neto (2009. p. 585).

[13] O termo "atividade econômica" é utilizado de forma ampla, como toda atividade destinada à produção, circulação, distribuição e consumo de bens e serviços. Não tem a pretensão de se opor a um conceito de serviço público.

[14] No mesmo sentido, Mendonça (2014, p. 359) também propõe um conceito restrito de fomento, excluindo os auxílios interadministrativos.

[15] O exemplo é extraído do capítulo sobre formas de prestação de serviços públicos, de autoria de Marques Neto e Klein (2014, p. 166-167). Os autores fazem referência ao entendimento de Maria Sylvia Zanella Di Pietro a respeito da aplicação do regime jurídico de direito público nestes casos – mesmo diante de mecanismo de contratação de entidade privada –, na medida em que as organizações sociais absorvem atividade estatal, com uso de patrimônio e servidores públicos.

tanto é que se submetem parcialmente a um regime de direito público[16], havendo inclusive quem reconheça um dever estatal de transferência de recursos para manutenção destas organizações.

Exclui-se do conceito também as empresas estatais cujo controle é exercido por entes da Administração direta. Sejam as empresas controladas ou as empresas estatais dependentes, assim conceituadas pela Lei Complementar n. 101/2000. Note que tanto a constituição das sociedades de economia mista, quanto das empresas públicas devem, por expressa previsão constitucional, ter prévia autorização legal, com indicação clara do *relevante interesse coletivo* ou imperativo de *segurança nacional* que justifiquem sua criação (art. 173). Deste modo, ainda que se trate de pessoas jurídicas de direito privado, explorando uma atividade econômica, o atendimento a um interesse público é elemento constitutivo das estatais, o que impede que sejam incluídas como agentes fomentados, a partir do conceito de fomento ora desenvolvido.

Nesta perspectiva, fomento caracteriza-se essencialmente pela identificação do lucro e da realização do objeto social do agente fomentado como objetivos imediatos, não tendo na origem da sua constituição a realização de interesses públicos (ainda que as empresas sejam vistas, à luz da CF, de forma funcionalizada[17]). Só de forma mediata, e uma vez aderindo ao estímulo oferecido pelo Estado, é que o exercício da atividade passará a atender também aos fins públicos específicos visados pelo agente fomentador – se e na medida em que aceito o benefício. Trata-se do "*Estado activador*, no qual o particular não é *súbdito*, não é *socialmente descompromissado* nem mero *utente*, mas *actor* empenhado

[16] Em sentido diverso, Marques Neto e Klein (2014, p. 409) incluem o terceiro setor no rol de agentes que podem ser fomentados, enquanto integrantes do setor privado: "O objetivo é estudar o direcionamento estatal de atividades econômicas, de modo que seu exercício gere benefícios apropriáveis por toda a sociedade, sem a assunção direta de tal atividade pelo Estado". No mesmo sentido, a tese desenvolvida por Souza (2010), ao analisar o controle da transferência de recursos públicos ao terceiro setor, como forma de fomento estatal. Sobre a execução de *tarefas de interesse público* e os organismos do terceiro setor, entidades privadas que emergem da sociedade para se dedicar *livremente* (no exercício de sua autonomia privada) à procura da satisfação de interesses coletivos, vide Gonçalves (2005, p. 146-147).

[17] Sobre o tema da função social das empresas, vide Frazão (2011); Frazão (2006).

e "socialmente responsável que aceita contribuir para a realização do interesse comum"[18].

Para caracterizar o fomento estatal, portanto, é essencial que haja acordo expresso de pretensões públicas e privadas na execução de atividade privada. E em todos os casos acima referidos, excluídos do conceito de fomento, ou não há propriamente uma vontade privada ou, se há, a tarefa executada não é privada, mas associada de forma imediata a objetivos públicos.

1.1.2 Forma: consensualidade

Outro elemento caracterizador do fomento estatal consiste na sua forma de operacionalização (*modus operandi*). Ao pretender intervir em atividades econômicas submetidas a regime de direito privado, a Administração Pública não o faz por meio do uso da coação, da imperatividade, por identificar que a atividade está sendo exercida em descompasso com o contido em Constituição e/ou em lei.

O fomento não parte da identificação de violação (concreta ou potencial) à ordem jurídica, no exercício de atividades econômicas em regime de direito privado, para pretender então restaurar sua juridicidade. Do contrário, porque o seu exercício se dá em conformidade com os limites jurídicos estabelecidos para a ordem econômica, e nela se verifica potencial para realizar interesses públicos, é que a Administração oferece incentivos, a partir de seus múltiplos recursos. Sempre em respeito à livre iniciativa e com vistas a objetivos públicos expressamente indicados.

E o faz por duas razões: uma, ao perceber que o desenvolvimento da atividade privada pode atender simultaneamente a interesses públicos, de modo que o agente cuja atividade será fomentada é convidado a envidar esforços para receber a colaboração; e duas, ao detectar que a atividade demanda colaboração financeira estatal para alcançar o patamar adequado a realizar o fim público almejado pela Administração

[18] (GONÇALVES, 2005, p. 150-151).

fomentadora – se isso já ocorresse naturalmente, não haveria necessidade de incentivo.

Veja que só o primeiro elemento não serve de critério suficiente para concessão de benefício ao agente fomentado, como será visto no Capítulo 3. Afinal, no limite, toda atividade econômica lícita, ao bem se desenvolver, gera crescimento econômico, emprego, aumento de receita fiscal, atingindo fins públicos em uma perspectiva macroeconômica. É preciso, pois, detectar o potencial da atividade econômica para atingir algum objetivo púbico específico, visado pelo agente fomentador, e a isso somar-se a necessidade de injeção de recursos públicos – sem os quais o planejamento da Administração fomentadora não poderá se realizar. Por esta razão, aliás, é que o planejamento é elemento fundamental do exercício do fomento, pois todo estímulo estatal deve estar – desde o princípio – expressamente associado a um resultado explícito visado, relacionado a um interesse público.

Neste sentido, a instituição de regras que favorecem a subcontratação de microempresas (ME) e empresas de pequeno porte (EPE) em editais e contratos administrativos para aquisição de obras e serviço (nos termos da Lei Complementar n. 123/2006, art. 48, II) não caracteriza fomento. Não por inexistir relação direta entre as ME ou EPE (cuja atividade é, ao final, incentivada) e o Poder Público (pois este se relaciona com o Subcontratante), afinal não é necessário que o destinatário do fomento seja o mesmo agente que recebe o benefício financeiro[19]. A questão é a forma como a Administração Pública pretende vincular a atividade privada ao objetivo público. No caso indicado, isso se dá por meio de imposição de regra no edital do certame e no contrato – à pessoa

[19] Neste sentido, relevante a distinção entre *agente fomentado* – que recebe diretamente o benefício – e *destinatário do fomento* – agente ou setor cuja atividade se quer fomentar. Vide Marques Neto e Klein (2014, p. 429-430). Exemplo disso se dá em políticas de audiovisual, em que as isenções fiscais muitas vezes são concedidas a empresa que não é destinatária final, mas que para receber a isenção deverá financiar projetos do setor audiovisual. Estes projetos financiados pelas empresas beneficiárias da isenção é que seriam os destinatários finais do fomento. Nesta perspectiva, até se pode considerar que as regras de favorecimento de micro e pequenas empresas em editais de licitação, para estimular a sua participação e facilitar sua contratação, são mecanismos de fomento. Ainda assim não se enquadram no objeto desta pesquisa, que se restringe aos estímulos estatais financeiros.

jurídica por si contratada para prestação de um serviço. Partindo da classificação de Jordana de Pozas, seria mais um instrumento da função de serviço público, por meio de contrato, do que de fomento.

Analisando-se a função de fomento a partir da estrutura das suas normas de conduta, vê-se que há também uma diferença em relação ao serviço público e ao poder de polícia. Tanto na *norma primária*, de comportamento, que estabelece aos possíveis agentes fomentados, como na *norma secundária* a eles dirigida (consequência que deriva da inobservância da norma primária)[20]. No primeiro caso, não há obrigação, imposição de regra de conduta ao administrado. A adesão à conduta lá descrita é voluntária. Por isso os possíveis destinatários da norma de fomento não são obrigados a cumprir o comportamento que lá consta, trata-se de um "convite", cuja não adesão não implicará ilícito. Daí que, caso não aceito o "convite", nenhum efeito irá daí decorrer, afinal, se não há dever de cumprimento, não há se falar em ilícito por inobservância da norma de fomento, que justifique a aplicação de uma *sanção negativa*[21]. E a não aplicação de sanção por não adesão é justamente a diferença entre as funções em termos de norma secundária.

Para preservar a estrutura da norma de conduta descrita por Kelsen e aplicá-la às normas de fomento público, Bobbio desenvolveu o conceito de *sanção premial*[22]. Este seria o efeito decorrente da adesão à conduta descrita na norma primária. Uma vez aderindo ao fomento público, o agente privado passaria a ser premiado com os incentivos lá contidos, e este seria o conteúdo da norma secundária das normas de fomento, segundo Bobbio.

[20] (KELSEN, 1986).

[21] A respeito do conceito de sanção em sentido negativo na esfera administrativa, como decorrência de ato ilícito, vide Mello (2007, p. 37.41). No mesmo sentido, conceituando sanções administrativas como *mal* ou *castigo*, com *efeitos aflitivos*, vide Osório (2015, p. 106-107).

[22] (BOBBIO, 2007). Sobre o tema, vide também Ferraz Junior, 2016. Segundo Catão (2004, p. 8), em análise crítica ao uso por Bobbio da expressão *sanção* para remeter ao efeito positivo que decorre da adesão ao fomento, "(...) as normas de "promoção", por refugirem ao conceito de sanção do direito público ou privado, não se assemelham a uma verdadeira "sanção" (positiva), criação esta que se justifica a partir de uma possível dificuldade de se admitir uma categoria de norma sem sanção. Assim, em síntese, as normas veiculadoras de incentivo fiscal seriam normas de organização do estado, com função promocional e sob uma perspectiva funcionalista".

A par das considerações a respeito da teoria da norma jurídica e da classificação das funções públicas, fato é que a ausência de obrigatoriedade do comportamento descrito no fomento, somada à inexistência de uma sanção negativa diante da não adesão, é o principal elemento de diferenciação estrutural entre a função de fomento e as demais funções administrativas, cujas normas de conduta não partem de comportamentos ilícitos para desencadear efeitos negativos.

A ausência de sanção negativa na estrutura das normas que instrumentalizam o fomento público, contudo, restringe-se à sua etapa inicial, que se esgota com a adesão do agente privado. Aceito e recebido o benefício, que envolve recursos públicos distribuídos de forma seletiva, contrapartidas passam a ser dele exigidas, submetendo-o a um regime rigoroso quanto ao cumprimento das condições, inclusive com aplicação de sanções, previstas tanto em lei[23], como no ato de habilitação (por exemplo, multas, juros de mora, perda de habilitação ou rescisão contratual, dentre outras).

1.1.3 Finalidade: objetivos públicos

Um último elemento que é associado ao fomento, porque inerente a todas as atividades administrativas, é a finalidade.

Em se tratando de função administrativa, o fomento estatal destina-se a atender fins públicos[24]. Alguns são previstos de forma mais específica pelo ordenamento (como o fomento à produção agropecuária, no art. 23, VIII da CF), outros estabelecidos em termos genéricos na CF, mas cujo conteúdo é determinado pelo legislador ou administrador (neste sentido, o art. 43, II e III, ao estabelecer o propósito de redução das

[23] Estas sanções podem estar previstas tanto na lei específica que institui a política de fomento, como no ato de habilitação do agente fomentado, que pode ser uma licença, um contrato,... e no limite, até mesmo as sanções previstas em leis, como a de improbidade administrativa ou de crimes contra a ordem tributária.

[24] Prefere-se nesta pesquisa a associação da atuação a finalidades públicas, em detrimento de interesses públicos, considerando-se a observação feita por Oliveira (2015, p. 103) baseado em Humberto Ávila, de que "não existe um interesse público único, estático e abstrato, mas sim finalidades públicas normativamente elencadas que não estão necessariamente em confronto com os interesses privados, [daí porque é] mais adequado falar em 'princípio da finalidade pública'. (...) Toda e qualquer atuação administrativa deve ser fundamentada a partir das normas em vigor e do contexto de sua aplicação".

desigualdades regionais, prevê a instituição de juros favorecidos para financiamento de *atividades prioritárias* – sem definir, porém, que atividades seriam estas). Sem olvidar dos fins ainda mais genéricos à atuação estatal, como a observância dos objetivos e fundamentos da República (arts. 3º e 1º da CF) ou dos princípios da ordem econômica (art. 170, *caput*, e incisos I a IX).

A finalidade, contudo, não é elemento que diferencie o fomento público das demais atividades. Nenhum fim (enquanto externalidade positiva decorrente da atuação estatal) é exclusivo do exercício de parte delas. Alguns objetivos, ainda que usualmente associados ao fomento estatal, podem ser alcançados através de medidas típicas do poder de polícia ou em regime de serviço público. Exemplo disso são as regras que impõem conteúdo local mínimo nos contratos de exploração de petróleo e gás, como medida para estimular o desenvolvimento de indústrias nacionais no fornecimento de bens e serviços relacionados à produção no setor[25]. Aqui, o agente a que a regra se destina (contratante) não explora atividade econômica em regime de livre iniciativa, mas se sujeita à licitação, e cumpre a regra de incentivo por imposição contratual. Ainda assim, as regras contratuais de estímulo visam a incentivar a indústria nacional, tanto quanto a concessão a estas indústrias de empréstimos subsidiados.

O fenômeno evidencia o que se denomina de *intercambialidade*[26] das funções administrativas: um mesmo fim atribuído à Administração Pública pode ser alcançado a partir do exercício de mais de uma função, de modo que o direito administrativo pode ser considerado uma *caixa de ferramentas*[27], ferramentas a serem manejadas para melhor atender aos fins públicos. Revela-se, assim, que não é a finalidade o elemento caracterizador das atividades administrativas, mas sim o seu *modus operandi*[28]: no caso do fomento, a necessidade de adesão voluntária pelos agentes fomentados para que a finalidade estatal possa se concretizar.

[25] Instituída em 2003. Sobre o histórico e evolução da política, consultar CNI (2012).

[26] Acerca do tema, vide Aragão (2016).

[27] A expressão é utilizada por Coelho (2017).

[28] (GARRIDO FALLA; PALOMAR OLMEDA; LOSADA GONZÁLEZ, 1992, p. 300 *apud* MELLO, 2003, p. 20), (MARQUES NETO; KLEIN, 2014, p. 409), (ENTRENA CUESTA, 1959, p. 142 *apud* MELLO, 2003, p. 46).

Isso significa que não há um rol restrito de finalidades para cada atividade. O fomento pode se destinar a atender uma ampla variedade de objetivos, desde que atribuídos por lei (em sentido amplo) à Administração Pública.

Com base nisso, para Moreira Neto, o fomento público poderia ser classificado a partir das diferentes finalidades que, de usual, cumpre (e não dos meios), destacando-se o fomento *social* e o *econômico*[29]. As definições de ordem social e de ordem econômica, contidas na Constituição, serviriam de base para a distinção.

Segundo o art. 193 e seguintes, combinado com o art. 6°, a ordem social é composta de questões relacionadas à educação, cultura, desporto, saúde, assistência social, meio ambiente e população indígena. Nestes termos, para Moreira Neto, seria denominada fomento social a atuação estatal – de usual implementada através de políticas públicas – que visasse a alterar a estrutura social, para garantir de imediato algum direito que também tenha aquela natureza.

Com base nesta perspectiva, Moreira Neto inclui no fomento social os mecanismos de estímulo ao homem; à educação, pesquisa e informação; trabalho (assim compreendidos nos setores industrial, comercial e rural), cultura, lazer, desporto e turismo; ambiental; e à reforma agrária. Os agentes fomentados, nesse contexto, são aqueles que desempenham atividades diretamente relacionadas ao atendimento dessas necessidades, ou que tenham como preocupação direta do agente fomentador o estímulo a esses aspectos da realidade socioeconômica.

Já a regulação estatal com foco na ordem econômica, a partir do art. 170, IV, VII, VIII, IX da CF, tem em vista a livre concorrência, a redução de desigualdades sociais e regionais, a busca do pleno emprego e o tratamento favorecido a empresas de pequeno porte, do que se extrai a defesa da indústria nacional e a orientação de investimentos a setores

[29] Para o autor, esta classificação seria mais simples do que a classificação por meios, mais comum, na medida em que os meios são extremamente diversificados, e as finalidades mais delimitadas. O autor ainda insere o *planejamento* e o fomento *institucional* como formas de fomento, mas o planejamento nesta pesquisa é considerado uma etapa do exercício do fomento, e o fomento institucional, enquanto auxílios interadministrativos, são excluídos do conceito de fomento que ora se utiliza. (MOREIRA NETO, 2009, p. 585).

produtivos ou reputados pelo Estado como mais adequados ao interesse público. É o Estado alterando o funcionamento da economia (aqui compreendida enquanto processo de produção, circulação, distribuição e consumo de bens e serviços), para corrigir falhas de mercado ou direcionar os agentes econômicos à realização dos fins previstos na CF.

Nesse sentido, segundo Moreira Neto, o fomento econômico poderia ser subdividido em fomento público *econômico e à empresa* (englobando o fomento cooperativo, à empresa e às empresas de pequeno porte); fomento *de atividades primárias* (como agropecuário, pesca e produção mineral); fomento *científico e tecnológico*; e fomento *financeiro e creditício*[30] (que abrange os sistemas de financiamento público e de projetos integrados).

É preciso analisar com cautela a classificação, para evitar confusão entre *destinatário /objeto* do fomento e *finalidade* do fomento[31]. Como o próprio autor destaca, a ordem econômica tem um aspecto *ontológico* e um *teleológico*. O primeiro consiste nos seus *fundamentos fáticos* – trabalho, meios de produção e iniciativa econômica. O segundo são as finalidades associadas aos fundamentos fáticos da ordem econômica – promover a dignidade da pessoa humana, a defesa do consumidor, a proteção do meio ambiente, redução de desigualdades regionais e sociais, valorização do trabalho, pleno emprego, entre outros elementos.

Nessa perspectiva, a expressão *fomento econômico* pode ser utilizada em dois sentidos. Um primeiro, *ontológico*, considerando-se destinatário e objeto – por exemplo, o estímulo às pequenas empresas, ou às cooperativas. Trata-se de fomento econômico destinado ao desempenho de atividades que compõem a ordem econômica. O segundo, referente

[30] Nada obstante o autor referir à classificação a partir da finalidade do fomento, e não do meio, a denominação "fomento financeiro ou creditício" faz referência ao meio de estímulo utilizado – tanto é que o próprio autor se refere a esta espécie de fomento como "políticas de financiamento público da atividade econômica em setores agrícolas, agroindustrial, pecuário e pesqueiro (...). (MOREIRA NETO, 2009, p. 607).

[31] A questão pode ser compreendida a partir da distinção entre regulação econômica e regulação social feita por Moreira (1997, p. 39), para quem "a distinção baseia-se o objecto e finalidades da regulação. A *regulação económica* propriamente dita tem por objeto e justificação a regulação dessa atividade em si e por si (entrada na atividade, mercados, preços, quantidade, natureza dos produtos, etc.). A *regulação social* tem finalidades exteriores à atividade económica, como a protecção ambiental, a segurança e outros interesses dos consumidores".

ao seu aspecto *teleológico*, que não se limita ao desempenho dos fundamentos fáticos, mas abrange toda e qualquer finalidade realizada através da ordem econômica, inclusive social. Afinal, não há limites aos objetivos públicos associados ao desempenho de atividades econômicas – a atuação estatal deve buscar realizar o maior número possível de objetivos atribuídos ao Estado, independentemente da subdivisão da CF em Capítulos e Títulos.

Nessa pesquisa, a modalidade de fomento analisada será a econômica, na perspectiva do *objeto* (a atividade econômica em si), podendo ser, do ponto de vista da finalidade, tanto econômica quanto social. Já do ponto de vista do meio, é financeira.

1.2 A classificação do fomento público e o fomento financeiro

Por conta dos aspectos críticos da classificação do fomento a partir de seus fins, opta-se por utilizar como critério as categorias dos instrumentos de fomento. Há pelo menos três: honorífico, jurídico e econômico.

Segundo Moccia, os instrumentos econômicos envolvem a concessão de vantagem patrimonial, de caráter real ou financeira, ao agente fomentado. As vantagens reais "podem consistir no uso ou aproveitamento de um bem de domínio público ou de propriedade administrativa, ou inclusive na utilização gratuita pelo particular de serviços técnicos previamente desenvolvidos pela Administração"[32]. Já as vantagens financeiras, objeto desta pesquisa, decorrem diretamente de recurso público financeiro, seja através de desembolso direto (despesa), ou de renúncia de receita (gastos indiretos).

O fomento público financeiro consiste, pois, no conjunto de instrumentos (não sujeitos a rol taxativo) que decorrem diretamente de despesa pública ou de renúncia de receita pública.

Segundo subdivisão referida (e criticada) por Mendonça, a categoria poderia abranger os meios *fiscais* (como isenções, redução de alíquotas

[32] (MOCCIA, 2015, p. 106).

e regimes especiais de pagamento tributário[33]), *creditícios* (linhas privilegiadas de crédito, com prazos, juros e garantias mais benéficos) e *econômicos* propriamente ditos (as subvenções, enquanto aporte de recurso público a fundo perdido)[34].

Já para Schoueri, com foco no regime tributário, todas as normas de intervenção estatal indireta na economia, de caráter financeiro, seriam englobadas sob o conceito amplo de *subvenção*[35], enquanto privilégio tributário que se subdivide em *incentivos fiscais*, *prestações financeiras a fundo perdido*, *créditos* e assunção de *garantias*[36].

Também a partir do regime tributário, Catão classifica os instrumentos de fomento financeiro sob a rubrica *incentivos fiscais*, incluindo, indistintamente, as subvenções, diferimentos, subsídios, isenções e benefícios. Isso porque todos seriam espécies de desoneração fundada na *função regulatória dos tributos*[37]. Esses incentivos seriam subdivididos no âmbito da receita pública (isenções, diferimentos, remissão ou anistia) ou da despesa (subvenções, créditos presumidos e subsídios).

Postas as múltiplas classificações, ora incluindo-se ora excluindo-se determinados meios de fomento financeiro, este estudo analisará aqueles mais mencionados pela doutrina, de modo que, ao falar em fomento financeiro, estar-se-á referindo a *desonerações tributárias* (como as isenções, créditos presumidos, pagamento diferido ou parcelado de tributos,

[33] Para o autor, o que de usual se denomina incentivo fiscal seriam medidas gerais de política econômica, fixadas por lei, e não fomento (exceto quando a alteração de alíquota pudesse se dar por meio de ato administrativo). (MENDONÇA, 2010, p. 150). Já para Catão (2004), a expressão "incentivos fiscais" não compreende apenas as isenções, imunidades ou diferimentos, mas os próprios subsídios e subvenções, subdividindo-se a categoria em incentivos *decorrentes de receita pública* (isenções e extrafiscalidade) e *como forma de despesa pública* (os demais).

[34] Em sentido semelhante, a partir da ótica do direito financeiro, Andrade (2017) subdivide os instrumentos financeiros de intervenção indireta do Estado na ordem econômica em benefícios *tributários* (dele segregando os *regimes tributários alternativos*), *creditícios* e *financeiros*.

[35] Para Zuleeg (1965, p. 18-19 *apud* SCHOUERI, 2005, p. 56) subvenções são quaisquer "medidas de incentivo, por parte do Poder Público, em favor de uma pessoa privada, com a finalidade de direcionamento econômico ou de atingir outras metas no interesse público".

[36] Para o autor, tanto os créditos como as garantias podem ser remetidos ao conceito de subvenção, na medida em que o desconto dado na taxa de juros ou a ausência de contrapartida por uma garantia tem efeito de subvenção, todos caracterizam privilégios financeiros, gravando despesa pública. A diferença entre eles é de ordem jurídico-formal apenas. (SCHOUERI, 2005, p. 57).

[37] (CATÃO, 2004).

redução de alíquotas, que constituem redução de receita), *benefícios creditícios* (concedidos por meio de empréstimos favorecidos) e a *benefícios financeiros* (subvenções econômicas e transferências de capital[38]).

A seleção dessas categorias de fomento financeiro justifica-se, inclusive, por conta do tratamento similar que lhes é dado pelo Constituinte, ao tratar de seus aspectos orçamentários. Como trazem impactos às receitas ou despesas públicas, o art. 165, §6°, da Constituição determina expressamente que, havendo isenções, subsídios e benefícios de natureza financeira, tributária e creditícia vigentes, o projeto de lei orçamentária deverá apresentar demonstrativo regionalizado dos seus efeitos sobre a receita e a despesa pública.

A seguir, será analisada a estrutura de cada um desses três instrumentos, levando-se em consideração as normas (em especial de direito tributário e financeiro) que estabelecem seus requisitos, limites e procedimentos. Mas sem perder de vista a função a que se prestam, sem a qual alguns meios podem servir ao exercício de outra atividade que não o fomento.

1.2.1 Desonerações tributárias

Desoneração tributária é a expressão utilizada para referir-se aos instrumentos de fomento que, do ponto de vista da estrutura, são veiculados por meio de normas de direito tributário, cuja finalidade é reduzir a carga dos tributos, incentivando determinados agentes ou setores da atividade econômica. No campo do direito tributário, esses meios de fomento são estudados a partir do que se denomina extrafiscalidade – isso é, o uso de tributo com fins não apenas arrecadatórios.

O limite entre o tributo como meio de arrecadação ou de fomento é sutil. Segundo Catão e Mendonça, para que não seja apenas uma espécie tributária, além da finalidade, a medida deve ser *transitória*. É usual que se recomende que as medidas de fomento público não sejam

[38] Catão (2004, p. 73) também considera espécie de subvenção os subsídios concedidos para favorecer a exportação de indústrias instaladas no País, o desenvolvimento regional ou setores estratégicos, referidos no Acordo Geral sobre Tarifas e Comércio – GATT e muito utilizados em medida de *dumping*.

permanentes[39], mas no caso dos incentivos fiscais, para o autor, trata-se de elemento inerente à noção de incentivo.

Isso se passa porque, como o incentivo visa a favorecer determinado agente/atividade, perpetuá-lo implicaria tributação decrescente de riqueza crescente, ou renúncia ineficiente de receita. Nessa lógica, ou se parte da premissa de que o fomento instituído será bem-sucedido, desenvolvendo-se o agente/atividade fomentado(a), e daí a necessidade de em algum momento o incentivo ser revisto e reduzido, ou interrompido; ou, o fomento não trará o resultado esperado, devendo igualmente ser revisto e interrompido para evitar renúncia de receita pública que não atinge o fim visado.

A inclusão das *desonerações tributárias* como forma de fomento financeiro não é unânime. Para Mendonça, do ponto de vista técnico, "são medidas gerais de política econômica, estabelecidas, em geral, diretamente por meio de lei, salvo no caso de tributos que admitam a alteração de alíquota por meio de ato administrativo"[40].

De fato, em vista do princípio da legalidade estrita, em matéria tributária (art. 97 do Código Tributário Nacional e art. 150, §6º, da CF), salvo exceções, as desonerações pressupõem previsão legal. Mas isso não significa que as medidas não possam partir de programas de governo – lembre-se da iniciativa do chefe do Executivo para editar Medida Provisória em matéria orçamentária e tributária (art. 61, §1º, b, da CF) ou apresentar projetos de lei ordinária e complementar[41].

[39] (CATÃO, 2004); (MENDONÇA, 2010).

[40] (MENDONÇA, 2010, p. 150).

[41] A vedação constitucional em matéria tributária para Medidas Provisórias refere-se à instituição ou majoração de tributos. Por esta razão, várias Medidas criam programas de incentivo a agentes e setores a partir de alteração na metodologia de pagamento ou redução de alíquotas, caracterizando medidas de fomento. Evidente que para que possa perdurar, a Medida deverá ser convertida em Lei (art. 62, §3º, da CF), demandando concerto entre Legislativo e Executivo. Nada extraordinário a partir do momento em que se abandona o princípio da separação de poderes enquanto independência absoluta. Mesmo porque, na medida em que a atividade legislativa demanda sanção presidencial (art. 66 da CF), incluir as desonerações tributárias enquanto exercício meramente do Poder Legislativo já seria criticável. Sem dizer que, em qualquer caso, as leis ficam sujeitas ao juízo de constitucionalidade do Judiciário (art. 102, I, a, da CF). Daí porque a veiculação de alguns meios de fomento através de lei não obsta a sua caracterização como função administrativa.

Ademais, ainda que a atividade de fomento seja enquadrada como função administrativa, por ser de iniciativa do Executivo no exercício do planejamento, isso não afasta, em alguma medida, a atuação do Poder Legislativo – sobretudo porque o fomento financeiro diz respeito a matérias objeto de direito tributário e orçamentário, que demandam concerto entre Executivo e Legislativo. Trata-se do conceito de *reserva administrativa* mencionado por Moreira Neto, que se coloca sobretudo em matéria *econômico-financeira-orçamentária*. Portanto, a mera interação entre os poderes Executivo e Legislativo não é empecilho à inclusão dos benefícios fiscais como meio de fomento, apenas demanda análise cuidadosa quando da sua classificação, à luz de casos concretos.

Isso decorre do tênue limite entre as funções arrecadatória e de fomento financeiro fiscal. Como já referido, ao estabelecer os instrumentos à disposição da Administração Pública, o ordenamento não os associa a uma ou outra, pois, a partir da mesma estrutura, eles podem se prestar a mais de uma delas. É a doutrina que sistematiza as funções administrativas, com base na combinação de elementos estruturais e funcionais.

Daí porque, para analisar as desonerações tributárias (enquanto técnica de fomento público), é preciso ir além da estrutura dos instrumentos e observar a função, identificando-se, justamente, esse limite entre a atividade arrecadatória e o fomento público. Medidas fiscais que se destinam de forma genérica a todo e qualquer agente, cuja conduta se enquadra na hipótese de incidência de regra matriz do tributo, independente da adesão voluntária do agente beneficiado e de contrapartida em prol de interesses públicos, não constituem atividade de fomento, mas mero exercício da atividade arrecadatória estatal. Por exemplo, uma alteração legislativa que reduzisse de modo uniforme a alíquota do Imposto sobre produtos industrializados – IPI.

Isso não significa que não haja função arrecadatória nos tributos que se prestam ao fomento, pois de usual as desonerações implicam apenas uma redução na arrecadação (e, com isso, a Administração visa justamente a um aumento futuro de arrecadação, apostando no desenvolvimento do setor ou agente fomentado). O detalhe é que essa arrecadação passa a ser inferior ao que poderia ser, justamente para que atenda a outra finalidade que não apenas aumentar a receita pública em médio ou longo prazo, mas estimular setores, desenvolver regiões, dentre outros.

Para diferenciar instrumento de fomento e de arrecadação, segundo Schoueri, é necessário verificar o caráter *indutor* da norma tributária (que a diferenciaria das normas tributárias imperativas ou de direção). Para haver indução, é preciso que os incentivos fiscais sejam seletivos, visem a instalar favorecimentos a determinados agentes ou atividades, com vistas ao desenvolvimento econômico, sem restringir sua autonomia em adotar ou não a conduta desejada pelo fomentador. Eis porque o planejamento e a motivação ganham especial relevância como elemento diferenciador do uso de um mesmo instrumento para funções distintas.

Na linha das desonerações, questiona-se também a inclusão dos regimes alternativos de tributação como meio de fomento financeiro. Segundo Andrade, quando decorrentes de determinação constitucional, esses regimes não seriam instrumento de fomento – caso da tributação diferenciada para pequenas e microempresas, ou a Zona Franca de Manaus. Conforme o autor, nesses casos, não haveria escolha pública por parte da Administração que implicasse renúncia ou despesa de receita, mas, mero exercício de atividade arrecadatória, tal qual prevista em normas constitucionais[42]. Inexistiria, pois, o elemento inicial do exercício do fomento financeiro, qual seja, a disponibilidade do Poder Público sobre receitas e despesas.

Assumindo-se a possibilidade de desonerações tributárias serem utilizadas como técnica de fomento estatal, elas podem se dar de inúmeras formas. De acordo com Marques Neto, ocorrem por meio de isenções, diferimento ou parcelamento de tributos, redução de alíquota, sempre visando a reduzir em alguma medida os custos de produção dos agentes incentivados. Os instrumentos são tantos quantas forem as possíveis

[42] O raciocínio é coerente na medida em que a Administração Pública não pode renunciar àquilo de que não dispõe. Se não há margem de liberdade na instituição dos benefícios, mas mero cumprimento de norma, por consequência retira-se a discricionariedade e o planejamento que são caracterizadores do exercício da função de fomento público. (ANDRADE, 2017)..

formas de, alterando algum aspecto da tributação, reduzir custos e estimular atividades, regiões, setores econômicos[43].

No caso de fomento por meio de desonerações, não há, de forma imediata, uma despesa pública, mas sim *redução* de receita possível – redução esta que pode se dar, inclusive, com vistas a uma maior arrecadação em momento seguinte, na medida em que haja desenvolvimento da atividade fomentada. Por se tratar de redução (e não de despesa), do ponto de vista financeiro, trata-se de um gasto *indireto*.

Mesmo enquanto instrumento de fomento, as desonerações tributárias submetem-se aos princípios e regras que orientam a atividade administrativa arrecadatória, contidos em especial no Título VI da CF, no Código Tributário Nacional (CTN) e na legislação orçamentária[44]. Assim, na etapa de estruturação, as desonerações devem observar as regras de *competência* (só o ente competente para instituir um tributo pode alterá-lo[45]); da *anterioridade*[46], prevista no art. 150, III, da CF e no art. 101 e ss do CTN; e da *legalidade estrita*, com suas exceções (arts. 150, §6º, da CF; art. 97 do CTN), da *isonomia* (art. 150, II, da CF), do *não confisco* (art. 150, V, da CF) bem como aos demais *princípios* que a doutrina,

[43] Importante neste ponto a classificação dos meios de desonerações tributárias utilizada pela Receita Federal, que anualmente divulga os *Demonstrativos de Gastos Tributários* – DGT que acompanham os projetos de Lei Orçamentária Anual, contendo as previsões de renúncias de receita para subsidiar a elaboração do orçamento do exercício subsequente. Este demonstrativo visa justamente a cumprir o art. 165, §6° da Constituição e a LC 101/2000. Veja que a expressão utilizada para se referir às desonerações tributárias é *gastos tributários*. Sobre uma análise crítica desta classificação à luz da teoria do fomento financeiro, vide Andrade (2017).

[44] Mesmo no caso de tributação voltada à extrafiscalidade (como para fins de fomento), devem se aplicar todos os princípios constitucionais que limitam à tributação, daí porque os instrumentos de fomento financeiro são amplamente estudados pela doutrina de direito tributário.

[45] Ainda que no caso de tributos instituídos por ente cuja receita deva ser repassada aos demais, por questões federativas, possa haver "cortesia com chapéu alheio". Seria o caso da receita de imposto de renda, de competência da União, que em grande parte (47%) é repassada a fundos de participação de Estados, Distrito Federal, Municípios e programas de financiamento (arts. 157 a 159 da Constituição). E também do IPI. Aprofundar em Schoueri (2005, p. 65).

[46] Note que, se em matéria tributária o princípio da anterioridade aplica-se à instituição ou majoração de tributos (v. art. 62, §2° da CF), em matéria de fomento, a anterioridade deve ser pensada a partir das regras que estabelecem necessidade de previsão orçamentária para aumento ou instituição de benefício/incentivo, como referido nos arts. 14 a 16 da Lei Complementar 101/2002.

partindo das limitações legais e constitucionais ao poder de tributar, associa ao direito tributário[47].

Ademais, devem ser consideradas, quando da instituição da desoneração tributária, as regras de cada espécie de tributo, a partir do qual se pretende instituir o incentivo, e não apenas as regras gerais contidas na Constituição, no Código Tributário Nacional e nas normas de direito financeiro.

No que respeita à etapa de planejamento e escolha do meio, a Lei de Responsabilidade fiscal estabelece que, ao pretender conceder ou ampliar benefícios tributários que impliquem renúncia de receita, deve-se apresentar estimativa do impacto orçamentário-financeiro das desonerações no exercício em que se inicie sua vigência, e, nos dois seguintes (art. 14 da Lei Complementar 101/2000), além de observar a Lei de diretrizes orçamentárias. A previsão soma-se à determinação constitucional do art. 165, §6º, da Constituição Federal.

Essa "perda" a que se refere a Lei, decorrente de benefícios fiscais que implicam renúncia, também não poderá ser considerada na estimativa de receita da Lei Orçamentária Anual; e sua instituição não pode afetar as metas de resultados fiscais previstas na Lei de Diretrizes Orçamentárias, a menos que haja previsão de formas de compensar essa redução. Nesse caso, os mecanismos de compensação devem ser implementados de forma concomitante. Essas regras visam a evitar que o uso de instrumentos de fomento implique ou agrave eventual crise fiscal.

Contudo, a própria Lei n. 101/2000 estabelece exceções a essa regra no art. 14, §3º, não se aplicando os requisitos orçamentários, acima indicados, em caso de redução de alíquota de imposto sobre produto estrangeiros, exportação de produtos nacionais ou nacionalizados; produtos industrializados; e operações de crédito, câmbio e seguro, ou a títulos e valores mobiliários – impostos estes frequentemente utilizados no fomento financeiro na ordem econômica – como será apontado no item 1.2.2.

[47] Sobre os limites ao poder de tributar, vide Carvalho (2009, p. 158-173) e a obra de Baleeiro (2010).

1.2.2 Benefícios financeiros

A segunda espécie de fomento financeiro, considerada nessa pesquisa, são os *benefícios financeiros*, que incluem as *subvenções econômicas* enquanto espécie de transferências correntes diretas, de recursos públicos para empresas a fundo perdido; e os *auxílios* a título de transferência de capital, isto é, dotações de despesa pública para investimento ou inversão financeira realizadas por empresas. Em ambos os casos, não há dever de restituição pelo agente fomentado dos valores recebidos – daí a expressão *fundo perdido* ou *ausência de contraprestação direta em bens ou serviços.*

Esses benefícios são previstos na Lei n. 4.320/1964, que estabelece as normas gerais e de direito financeiro para elaboração das Leis Orçamentárias das três esferas da Federação. A Lei faz referência tanto à concessão destinada a instituições e empresas públicas como a agentes privados, denominadas sob a mesma rubrica. Interessam para esta pesquisa os benefícios concedidos a agentes privados que atuam em regime de livre iniciativa. Daí porque, sempre que se tratar de subvenções econômicas e transferências de capital, serão consideradas apenas as destinadas a agentes privados.

Nos termos do art. 12, §3º, II, da Lei n. 4.320/64, subvenção econômica é espécie de transferência corrente, isto é, de dotação de despesa pública que se destina a empresas de caráter industrial, comercial agrícola ou pastoril. Mas, em regra, essas ajudas financeiras não devem ser concedidas a empresas privadas com fim lucrativo (art. 19), pois os instrumentos são previstos, sobretudo, para a cobertura de déficits de empresas públicas ou como forma de cobrir diferenças de preços de mercado e de revenda de produtos fornecidos pelo Governo (art. 18 da Lei n. 4.320/64). Contudo, se houver previsão em Lei especial, subvenções econômicas podem ser destinadas a empresas com fins lucrativos, servindo, então, à função de fomento[48].

[48] Neste sentido, vide a Lei de Inovação n. 10.973/2004, que dispôs sobre as medidas de incentivo à empresa brasileira em todas as esferas da federação, mediante (dentre outros) a concessão de recursos financeiros ajustados em instrumentos específicos, para atender às prioridades das políticas industrial e tecnológica nacional.

Já os auxílios destinados a empresas privadas são consideradas, pela Lei n. 4.320/1964, enquanto *transferências de capital*, que se destinam à realização de investimentos ou inversões financeiras, tais como aquisição de imóveis ou constituição e aumento de capital social (conforme art. 12, §§4°, 5° e 6°). Por esta razão, podem ser denominadas de *subvenções para investimento*. Essas transferências, similares a *doações condicionadas*, são vedadas para incorporação em patrimônio de empresa com fins lucrativos (art. 21), razão pela qual tem tratamento diferenciado no que toca ao imposto sobre a renda[49].

Em ambos os casos, os benefícios financeiros federais destinados às empresas privadas devem estar previstos em Lei específica e, ainda, observar a Lei orçamentária, em vista do contido na Lei de Responsabilidade Fiscal (arts. 26 e 27 da Lei Complementar n. 101/2000). Como implicam efetivo desembolso, as despesas públicas decorrentes da concessão desses benefícios são denominadas *gastos diretos explícitos* – ao contrário das desonerações tributárias, *gastos indiretos* decorrentes de renúncia de receita.

Segundo Marques Neto e Klein, os benefícios financeiros podem visar tanto a estimular a oferta quanto a demanda de determinado agente ou setor. No primeiro caso, pretendendo viabilizar uma atividade econômica por ausência de fontes de recursos ao agente, somada à inviabilidade econômica da atividade (limitação de preços ao consumidor; alto custo de produção...). Já na ponta da demanda, a transferência de recurso pode visar a reduzir ou anular o preço de produtos a determinados consumidores, tornando o consumo mais atrativo – e não a produção. Daí porque se diz que há fomento à atividade sem alocar recursos públicos diretamente na ponta da oferta.

Os benefícios financeiros também devem ter caráter não lucrativo e implicar repartição de riscos entre agente fomentador e fomentado, o que decorre da sua própria essência enquanto meio de fomento. De acordo com Valim, isso significa que as subvenções não podem ser revertidas em lucro para os beneficiários, devendo cobrir apenas parte dos custos da atividade (o privado deve, pois, concorrer com patrimônio

[49] A expressão *doações condicionadas* é utilizada por Catão (2004, p. 64-66).

próprio). É medida de ajuda financeira, e não de financiamento integral de atividade privada.

1.2.3 Benefícios creditícios

A última espécie considerada nesta pesquisa como instrumento de fomento financeiro são os *benefícios creditícios*, assim considerados os financiamentos concedidos em condições favoráveis, ou seja, com taxas de juros inferiores ao custo de captação no mercado, ou com prazo de carência e garantias mais benéficos. Mais uma vez, por conta da delimitação do tema, interessam aqueles destinados a agentes privados no exercício de atividades econômicas em regime de livre mercado.

De usual, esses financiamentos são operacionalizados por meio de programas ou fundos, diretamente pelo Tesouro Nacional ou, mais frequentemente, por intermédio de agências públicas de fomento ou de bancos públicos (como a Caixa Econômica Federal, o Banco do Brasil e o Banco Nacional de Desenvolvimento Econômico e Social – BNDES), responsáveis pela execução das políticas creditícias do Governo federal. Nada obsta, contudo, que, por meio de repasse da Administração pública, instituições privadas também venham a atuar como intermediário da função administrativa de fomento[50].

Por se tratar de ajuda pública com reembolso (e não a fundo perdido), é comum que essa espécie de fomento financeiro se dê por meio de contrato, cujas cláusulas e condições podem variar segundo o agente fomentador[51].

[50] Segundo Marques Neto e Klein (2014, p. 442), para que os financiamentos favoráveis concedidos por instituições financeiras privadas sejam considerados fomento público, é necessário que decorram de exigência normativa que obrigue estas instituições a disponibilizar crédito favorecido e que as instituições assim o façam por receber linhas de crédito favorecidas de bancos oficiais ou agências de fomento. Sobre a atuação do Governo no direcionamento do crédito ao setor privado, vide Torres Filho (2006).

[51] No caso do BNDES, por exemplo, os critérios consistem em *exame técnico e econômico-financeiro do empreendimento*; do *projeto ou plano de negócio*; avaliação de implicações sociais e ambientais; *segurança do reembolso*, exceto nas operações que por natureza envolvam assunção de riscos naturais ou que não estejam sujeitas a reembolso; e *idoneidade da empresa* e seus titulares/administradores.

Em termos financeiros, essas modalidades de benefício são consideradas como gastos diretos *implícitos*, pois não há mero desembolso de recurso público. As operações são variadas e complexas. O favorecimento pode se dar tanto a partir de recursos geridos pelo Estado (de origem fiscal, como o Fundo de amparo ao trabalhador - FAT; ou parafiscal, como o Fundo de garantia por tempo de Serviço - FGTS), como pela utilização de poupanças privadas voluntárias, a partir de recursos do sistema bancário.

No primeiro caso, o Poder Público repassa valores aos bancos, que vão intermediar a concessão do crédito favorecido e assumir o risco dessas operações. Na medida em que os valores repassados decorrem de receita fiscal ou parafiscal, o favorecimento, nesses casos, usualmente se dá pela oferta de crédito pelos bancos aos agentes fomentados com juros mais baixos, subsidiados pelo Poder Público.

No segundo caso, o crédito decorre não de receita fiscal ou parafiscal, mas de poupança privada voluntária, ou seja, oriunda do sistema bancário ou mercado de capitais. Portanto, o favorecimento não tem origem no repasse de receita pública aos bancos, mas na disponibilização do capital - angariado pelos bancos no mercado - em condições mais favoráveis, em vista de subsídios dados pelo Poder Público. Esses subsídios podem se dar na *equalização de juros*, ou na concessão de *garantias públicas* ao crédito ofertado, como um seguro de crédito.

Segundo Torres Filho, esse mecanismo de fomento financeiro creditício é mais econômico do que o financiamento com recursos públicos, pois ao invés de se alocar quantia vultosa de recursos de origem fiscal, ou parafiscal, em fundos ou programas, a despesa pública será limitada à parte equivalente aos juros favorecidos, ou a um gasto eventual, no caso de garantias - se e quando houver inadimplemento. Nos casos de oferecimento de garantia pública aos financiamentos, note que o crédito privado terá qualidade semelhante, ou próxima, à da dívida pública. Já no fomento por meio de equalização de juros, o Poder Público arca com uma parte daqueles que seriam pagos pelo agente fomentado.

Em todos esses casos os gastos são ditos *implícitos*. Primeiro, porque não constam do orçamento como vinculados aos benefícios efetivamente concedidos (taxa de juros, prazo ou garantia), mas à variação da dívida pública do Governo federal. Segundo, porque o benefício, efetivamente, não se concretiza no momento da transferência do recurso ao fundo ou ao programa, mas da concessão do financiamento pelo agente intermediário, como o banco público. Apenas nesse momento, e a depender da taxa de juros praticada, é que se poderá ter clareza do valor do benefício.

Em regra, o montante do incentivo dado aos agentes fomentados resulta da diferença entre a taxa de juros praticada e o custo de captação de recurso no mercado, quando o favorecimento decorre de crédito oriundo de recurso público. Daí porque, em termos financeiros, esse valor tem o mesmo efeito de uma *subvenção* – é como se esta diferença de juros paga pelo Poder Público fosse dispendida pela Administração para financiar a atividade fomentada. Esse montante, referente à diferença de juros, é o que se denomina de *subsídio embutido*.

Tal subsídio é um dos pontos de maior questionamento na metodologia do fomento financeiro, pois impacta diretamente na dívida pública e, pois, no resultado fiscal do Governo. Por essa razão, a taxa de remuneração dos fundos mais utilizados para concessão de benefícios creditícios, na esfera federal, foi alterada em 2017 visando a aproximá-la das taxas de mercado[52]. Se, por um lado, isso favorece a redução da dívida pública, por outro, reduz as possibilidades de estímulo do setor privado por meio dessa técnica de fomento, ensejando críticas.

Considerando-se a referida aproximação do benefício creditício às subvenções, do ponto de vista da despesa pública, a Lei Complementar n. 101/2000 equipara os empréstimos subsidiados à subvenção (art. 26, §2º). Por esta razão, os empréstimos e financiamentos, como meios

[52] Em 2017, considerando o mercado desenvolvido de títulos públicos de longo prazo em real, o Ministério da Fazenda, em conjunto com o Banco Central do Brasil e o Ministério do Planejamento, Orçamento e Gestão, apresentou Projeto de Medida Provisória n. 777/2017, editada pelo Presidente da República, alterando o critério de remuneração dos principais fundos utilizados para financiamentos de longo prazo no Brasil – PIS/PASEP, FAT e FMM. Desde então, e para operações contratadas após 31 de dezembro de 2017, os financiamentos concedidos a partir destas fontes passaram a ser remunerados pela chamada Taxa de Longo prazo – TLP. Os elementos que consubstanciaram a proposta de alteração legislativa constam da Exposição de Motivos da MP 777, disponível em: <http://www.planalto.gov.br/ccivil_03/_Ato2015-2018/2017/Exm/Exm-MP-777-17.pdf>. Acesso em: 30 maio 2017.

de fomento, ficam também sujeitos à autorização em Lei específica e às condições da Lei de diretrizes orçamentárias, devendo haver previsão no orçamento ou em créditos adicionais.

Vê-se, pois, que cada instrumento de fomento financeiro ora descrito tem estrutura normativa própria, porém, com elementos semelhantes, do ponto de vista financeiro e orçamentário, já que relacionados a receita ou despesa pública (o que permite categorizá-los enquanto fomento financeiro). Isso não impede, contudo, que – quando utilizados pelo Estado no exercício da função de fomento – eles sejam combinados, conduzindo ao que se denomina *incentivos híbridos*[53].

Isso, aliás, ocorre com frequência, como será visto no ponto seguinte, porque a forma como a Administração Pública utiliza os instrumentos de fomento na dinâmica da sua atuação, para alcançar os objetivos previstos, dá-se no contexto de programas e políticas públicas que podem congregar diversos instrumentos.

1.3 As funções do fomento estatal financeiro

Ao tratar da ordem econômica, a Constituição federal de 1988 estabeleceu a atuação estatal direta (a exploração, pelo Estado, de atividades econômicas, produzindo e fornecendo bens e serviços) em duas hipóteses: segurança nacional e relevante interesse coletivo (art. 173), a serem densificadas pelo legislador. E a livre iniciativa como um de seus fundamentos (art. 170, *caput*)[54]. Nada obstante, o papel do Estado no que respeita à ordem econômica não se limita à atuação direta, e mesmo em face da subsidiariedade, segue sendo um agente relevante.

Ao estabelecer os fundamentos da República (art. 3º), os direitos subjetivos dos cidadãos (destaque para os arts. 5º e 8º), os princípios

[53] É o que se passa na política de incentivo à inovação, pesquisa e desenvolvimento, ciência e tecnologia, prevista na Lei n. 10.973/2004, e regulamentada pelo Dec. n. 5.563/2005.

[54] Para Mendonça e Souza Neto (2007), isso não significa dizer, contudo, que haveria um limite à *intensidade* da atuação estatal sobre a ordem econômica, mas apenas à sua abrangência. Afinal, caberá ao legislador indicar os casos em que determinadas atividades serão prestadas pelo Estado, de forma direta ou indireta, em regime de concorrência (ou não) com agentes privados, ou atuando de forma indireta por meio de regulação. O que for mais eficiente.

da ordem econômica no próprio art. 170, e outros dispositivos normativos dispersos no texto, a Constituição estabeleceu os limites dentro dos quais qualquer agente – estatal ou não – deve operar no domínio econômico. E, nesta perspectiva, atribuiu ao Estado o dever de zelar também para que a atuação privada se dê conforme tais preceitos – eis a atuação estatal *indireta*.

Significa dizer que os agentes privados, mesmo e especialmente quando exploram atividades econômicas em regime de livre mercado, não o fazem de forma indiscriminada. Devem observância às normas constitucionais, cabendo ao Estado assegurar que isso ocorra (o que implica fiscalizar, regular, direcionar e ordenar a atividade econômica exercida por agentes privados).

Esta atuação indireta pode se dar tanto numa perspectiva positiva, induzindo os agentes a atuarem de modo a atingir os objetivos previstos pelo constituinte, quanto de modo negativo ou restritivo, desestimulando ou vetando condutas que destoem da ordem econômica tal qual estabelecida.

Esta forma de atuação estatal indireta na ordem econômica é prevista de forma expressa na Constituição, que no art. 174 qualifica o Estado como agente *normativo* e *regulador* da atividade econômica, a exercer nos termos da lei as funções de *fiscalização, incentivo* e *planejamento* – este vinculante para o setor público e *indicativo* para o setor privado.

Enquanto função de *incentivo,* o fomento estatal na ordem econômica enquadra-se justamente como atuação estatal indireta. Através dela, a Administração Pública não é responsável por produzir e fornecer (por si ou por entidades delegadas) bens e serviços – afinal, nos termos da Constituição, a atuação estatal direta deve se dar apenas em caso de "relevante interesse coletivo" ou para manter a "segurança nacional". Antes, cabe à Administração criar estímulos para que a atividade econômica prestada por agentes privados, em regime de livre iniciativa, contribua para a satisfação dos fins que a Administração Pública elege como geradores de benefícios sociais, em decorrência de previsão constitucional. Mas a atividade produtiva em questão, cujo exercício pode vir a gerar algum objetivo público, segue sendo de responsabilidade dos agentes privados fomentados – eis porque a atuação do Estado é indireta.

Com efeito, os instrumentos de fomento estatal são ferramenta relevante utilizada pelo Executivo na formatação de políticas públicas, através das quais, sobretudo, pretende-se mobilizar a iniciativa privada a alcançar fins visados pelo Estado. E na medida em que o fomento estatal se direciona ao comportamento de agentes que atuam no domínio econômico, a função é de usual qualificada pela doutrina como forma de intervenção e/ou de regulação econômica.

Compreender a forma como a função administrativa de fomento financeiro vem sendo implementada em perspectiva prática – do que deriva a sua relevância teórica – não prescinde, portanto, da análise da sua caracterização enquanto instrumento de intervenção e/ou regulação, bem como no contexto de elaboração de políticas públicas econômicas. É o que se passa a descrever.

1.3.1 O fomento estatal entre a intervenção e a regulação econômica

A literatura jurídica refere-se à atividade de fomento tanto como forma de *intervenção* estatal no domínio econômico (enquanto espécie do gênero "atuação estatal") como de *regulação*. Parte disso se deve à pluralidade de significado dos vocábulos, inclusive decorrente do seu uso pelos economistas[55] – afinal, transita-se neste tema pelo direito econômico. A associação depende dos conceitos de intervenção e regulação utilizados.

Parte da doutrina econômica – mais especificamente a escola austríaca – qualifica os meios de fomento financeiro como instrumento de *intervenção* do Estado, ao considerar intervenção toda atuação estatal que diminui a capacidade de adaptação dos agentes de mercado às mudanças que ocorrem na economia. A oferta de subsídios a agentes privados ou injeções de créditos para estimular o desenvolvimento econômico, ao criar artificialmente condições para o exercício

[55] Sobre a origem do instituto da regulação na economia, e sua apropriação pelo direito, vide Aragão (2002, p. 19-20).

da atuação privada, são, sob esta ótica econômica, mecanismos de intervenção por parte do Estado.

Já na doutrina jurídica, o conceito de intervenção na ordem econômica ora é utilizado neste sentido mais amplo, ora mais restrito. Para Grau, intervenção é uma espécie do gênero atuação estatal, e abrange todas as ações do Estado destinadas a atividades econômicas em sentido estrito, assim consideradas aquelas cuja prestação é atribuída predominantemente à iniciativa privada. Pressupõe-se, afinal, que o Estado só pode intervir naquilo que não lhe é próprio. Logo, em se tratando da execução de serviços públicos (que, segundo o autor, são serviços prestados pelo Estado porque asseguram a "coesão social" – tal qual conceito de Leon Duguit) e sua regulação, não haveria intervenção propriamente dita. Partindo, pois, da diferenciação entre serviço público e atividade econômica em sentido estrito é que o autor qualifica toda ação estatal voltada ao *processo econômico desenrolado na esfera do privado* (atividades econômicas em sentido estrito) como intervenção[56].

Intervenção esta que pode ser de três ordens: a) por absorção ou participação *no* domínio econômico; b) por direção *sobre* o domínio econômico; ou c) por indução *sobre* o domínio econômico. Interessa para este estudo a intervenção por indução, que segundo o autor, não se dá por meio de prestação direta de bens e serviços, mas de forma indireta e através de normas dispositivas, que levam o agente a fazer uma *opção econômica* que atenda ao interesse coletivo, que transcenda os limites da atuação individual do agente privado, com vinculação voluntária.

Vê-se, pois, que a partir dos conceitos e classificação definidos por Grau, os instrumentos de fomento financeiro constituem meio de *intervenção por indução* do Estado no domínio econômico.

Marques Neto também enquadra a função de fomento estatal como mecanismo de intervenção na ordem econômica, mas em um sentido amplo, assim considerando toda atuação estatal que visa a direcionar aqueles que nela atuam ao cumprimento de fins públicos, independente

[56] (GRAU, 2015, p. 120-123). Para uma análise crítica do conceito de serviço público e sua clássica distinção com uma concepção de atividade econômica, vide Marques Neto e Klein (2014, p. 55;101).

da atividade prestada, do interesse social a ela associado ou da qualificação do agente prestador[57].

Nesta perspectiva ampla, similar à econômica acima referida, são considerados mecanismos de intervenção desde o monopólio estatal e a prestação direta por empresas estatais, o enquadramento de uma atividade como serviço público, a normatização e regulação de atividades, até o fomento estatal. Mecanismos estes com graus de intensidade diversos, que podem ser combinados de modo a – da forma mais eficiente – assegurar os fins públicos previstos na ordem jurídica. Toda atuação estatal no domínio econômico é, para o autor, sinônimo de intervenção, como forma de atingir fins públicos por meio da economia.

Esta perspectiva pretende superar a dicotomia *serviço público e atividade econômica* (central na tese utilizada por Grau) para compreender a dinâmica da atual relação entre Estado e economia, pois considera inclusive a prestação direta de serviços pelo Estado como mecanismo de intervenção.

Além disso, parte de uma interpretação extensiva dos princípios da livre iniciativa e da subsidiariedade (art. 173 da Constituição), considerados como limite não só à atuação direta do Estado na economia, mas a qualquer forma de atuação/intervenção estatal no domínio econômico. Segundo Marques Neto, a subsidiariedade deve assegurar autonomia aos agentes para desempenhar atividades econômicas, perseguindo seus próprios fins e, concomitantemente (porque assim a Constituição prescreve), fins públicos. Logo, "apenas nas situações em que isso não se fizesse possível, predica a subsidiariedade, estaria justificada a ação estatal para suprir, complementar ou reforçar a ação autonômica"[58]. Daí porque toda atuação estatal, direta ou indireta, à luz da subsidiariedade, seria qualificada como intervenção – como interferência no domínio econômico em que, geralmente, deve prevalecer a livre iniciativa.

Moreira, em contrapartida, compreende o conceito de intervenção de modo mais restrito, dotado de carga semântica que remete ao período liberal-oitocentista do papel do Estado nas relações socioeconômicas.

[57] Sobretudo em vista da concepção de serviço público utilizado pelo autor, que se distingue da utilizada por Grau (2015), conforme acima referido. (MARQUES NETO; KLEIN, 2014, p. 406).

[58] (MARQUES NETO, 2010, p. 61-62).

Neste período prevalecia a lógica da exclusão, em que o Estado atuava apenas para prestar os chamados serviços públicos, sendo um *estranho no ninho* do domínio privado da economia. Assim, "caso houvesse de agir economicamente, isso consubstanciaria extraordinária 'intervenção na ordem econômica'"[59]. A intervenção fazia valer comandos estatais, e apenas isso.

Daí porque, segundo Vital Moreira, o conceito de intervenção não se adequaria ao que se passa na ordem econômica vigente, na medida em que o Estado hoje está *integrado* na economia, atuando de forma ordinária nas relações socioeconômicas – não só reprimindo e excluindo, mas incentivando, influindo, incluindo[60]. A partir desta ótica, não haveria mais se falar em *intervenção* estatal na ordem econômica, mas em *atuação* – já que nela o Estado transita de forma natural.

Nesta perspectiva, a função de fomento não seria meio de *intervenção*, pois não desempenhada através da autoridade, da coerção, para interferir na seara privada, mas por meio de convite. Só após aceitar voluntariamente os benefícios oferecido pelo Estado é que os agentes privados passariam a se submeter a um conjunto de prescrições estatais.

Os posicionamentos acima indicam que o uso do conceito de intervenção para qualificar a atuação estatal decorre da interpretação que se faz do papel do Estado na ordem econômica – em especial, mas não apenas, a partir do art. 170 da Constituição. Segundo Souza, estas diferentes concepções a partir de um mesmo texto seriam possíveis porque a Constituição Federal sofreu influências tanto liberais quanto socialistas[61]. Logo, o uso da expressão *intervenção* não é indiferente e o debate não é irrelevante. Compreender a relação entre Estado e economia a partir da Constituição é fundamental, por exemplo, para a tomada de decisões acerca da intensidade do exercício de cada função estatal, suas limitações e a sua combinação (mais ou menos regulação; mais ou menos prestação de bens e serviços de forma direta pelo Estado; mais ou menos incentivos estatais à economia).

[59] (MOREIRA, 2013, p. 88).

[60] (MOREIRA, 2013, p. 89). Em sentido semelhante, Moreira (1997, p. 23-24) trata da passagem "do Estado circunscrito ao Estado inserido na economia".

[61] (SOUZA, 1992).

Para evitar, então, qualquer carga semântica associada ao conceito de intervenção, neste trabalho o fomento financeiro será referido como forma de *regulação estatal econômica.*

O conceito de regulação para qualificar a atuação estatal ganhou ênfase a partir dos anos 90, por influência das teorias econômicas de regulação[62] e em decorrência da menção expressa no art. 174 da Constituição federal de 1988. Tanto a partir de análises econômicas como jurídicas, a função de fomento é considerada instrumento de *regulação estatal econômica.*

Na perspectiva econômica, segundo Shymura, a regulação teria sido concebida para equilibrar a interação dos agentes econômicos, calibrando o mercado com foco na eficiência alocativa dos recursos – com uma *agenda de eficiência econômica* pelo Estado[63]. Neste sentido, Schapiro considera políticas lastreadas em incentivos tributários como mecanismos regulatórios justamente porque visam a alterar o *status quo* econômico, com a peculiaridade de estabelecer uma consequência regulatória positiva para "induzir as decisões alocativas privadas"[64].

Sob essa ótica, as técnicas de fomento financeiro podem ser consideradas regulação estatal ao pretender estimular a inovação e promover novos setores ou novas competências nos setores econômicos existentes, consistindo naquilo que Schapiro denomina de *atuação regulatória transformadora*[65]. Ela parte do pressuposto de que o mercado por si só não consegue se equilibrar, razão pela qual as técnicas de fomento estatal – enquanto indutoras de alocação de recursos – podem servir como típicos instrumentos de regulação da economia.

A perspectiva econômica influencia as teorias jurídicas acerca do papel do Estado na condição de *agente regulador.* Condição que vem sendo

[62] A respeito da influência da teoria econômica na compreensão da regulação no Brasil, vide Peci (2014, p. 54).

[63] (SHYMURA, 2014, p. 249). Esta abordagem, contudo, foi questionada pela teoria da captura de Stigler (1988), e revista por autores como Posner (1974), e Becker (1998), sendo colocada em xeque enquanto mecanismo neutro de atuação do Estado na economia).

[64] (SCHAPIRO, 2017, p. 439).

[65] Em oposição a técnicas que instalam restrição ou penalidade, por ele qualificadas como *atuação regulatória corretiva.*

utilizada, inclusive, para referir a uma postura do Estado "mais democrática, estimuladora, cooperativa e, até substitutiva"[66].

É verdade que o conceito jurídico de regulação estatal é muitas vezes associado à *intervenção* – que nada obstante a reserva acima indicada, foi e ainda é utilizado como gênero para descrever a atuação estatal na ordem econômica. Nessa ótica, o uso do termo *regulação estatal* englobaria tanto as técnicas de poder de polícia, de prestação dos chamados serviços públicos e dos meios de fomento, numa perspectiva contemporânea de atuação estatal que passa a compor a chamada *regulação administrativa*.

É neste sentido que ao analisar a atual relação entre Estado e economia, Sundfeld utiliza a expressão *regulação* para referir o conjunto de intervenções do Estado sobre agentes econômicos (estatais e privados)[67], através de normas jurídicas, que visam a condicionar as operações praticadas no ambiente *negocial*. Ao lado da atuação estatal voltada a realizar operações econômicas propriamente ditas, existiria esta atuação estatal *institucional* voltada a *calibrar, incentivar* (como o faz o fomento) ou *proteger* as operações desenvolvidas pelos agentes econômicos[68] – ambas as formas de atuação compondo o chamado *direito administrativo negocial*, que engloba o fomento financeiro.

Um conceito amplo de regulação estatal econômica é também referido por Guerra, enquanto atuação do Estado visando a "supervisionar o jogo econômico, estabelecendo certas regras e intervindo de maneira permanente para amortecer tensões, compor os conflitos e assegurar a manutenção de um equilíbrio do conjunto"[69]. A regulação qualifica, portanto, a forma como o Estado atua sobre decisões e ações empresariais, de forma a equilibrar os subsistemas. E ao fomentar, induzir

[66] (MOREIRA, 2013, p. 89).

[67] (SUNDFELD, 2014, p. 98-99).

[68] Nas palavras do próprio autor, "A regulação não é um negócio, não é uma operação econômica, mas uma intervenção institucional no âmbito negocial; todavia, essa intervenção é limitada pela lógica negocial que não pode ser suprimida simplesmente pela regulação. (...) Portanto, para ser capaz de incentivar, proteger e calibrar adequadamente os negócios, o direito administrativo precisa conciliar os condicionamentos institucionais com a lógica que é própria das operações econômicas". (SUNDFELD, 2014, p. 101).

[69] (GUERRA, 2014b).

ou incentivar a atuação dos agentes econômicos, segundo Guerra, a Administração Pública estaria implementando mecanismos de *intervenção regulatória*.

Do ponto de vista normativo, o fomento pode ser considerado técnica de regulação a partir do art. 174 da Constituição. Segundo interpretação feita por Marques Neto e Klein, este dispositivo indica que quando exerce as funções de *fiscalização*, de *indução* (*função estatal fomentadora*) e de *planejamento*, o Estado atua como *agente regulador*. Do que se infere que o fomento financeiro é técnica de regulação[70].

Neste sentido amplo, referido pelos autores, regulação é caracterizada menos pela sua estrutura (enquanto uma quarta função administrativa) e mais pelos efeitos do seu exercício: orientar o mercado, os agentes econômicos, a atuar de forma a satisfazer interesses públicos. Daí porque toda forma de atuação do Estado na economia, que vise a conduzir o comportamento dos agentes em vista dos fins públicos, seria regulação em sentido amplo, incluindo a função de fomento.

Por esta razão, para Souto, a regulação estatal perpassaria as demais funções de serviço público, poder de polícia e fomento. Ela se daria através do exercício destas funções, com as peculiaridades que lhes são inerentes[71]. O fenômeno da regulação, portanto, não excluiria nem se colocaria de forma paralela às demais funções administrativas. Ele as qualificaria.

E a qualificação de uma função estatal como regulação admitiria níveis de intensidade distintos, seguindo a classificação proposta por Vital Moreira[72]. A partir daí, segundo Egon Bockmann Moreira, enquanto a *hard regulation* instalaria proibições ou obrigações aos agentes econômicos, uma *soft regulation* procuraria incentivá-los por meio de sanções premiais, que assegurassem grau de liberdade na adoção da conduta visada pela Administração[73]. Nesta perspectiva, o fomento financeiro seria uma forma de *soft regulation* até o momento de adesão

[70] (MARQUES NETO; KLEIN, 2014, p. 411; 541).

[71] (SOUTO, 2002, p. 69-141). Sobre regulação por meio de serviços públicos e contratos públicos, vide Sundfeld (2014).

[72] O autor propõe a classificação da regulação em forte, média ou fraca. (MOREIRA, 1997, p. 40-41).

[73] (MOREIRA, 2013, p. 96).

dos agentes privados aos benefícios oferecidos, e a partir daí (a depender do regime de incentivo dado) se convolaria em uma forma de *hard regulation*, em que o particular passaria a se sujeitar a um regime de controle, por exemplo, no cumprimento de contrapartidas.

É no sentido amplo acima referido que se utiliza nesta pesquisa o fomento como forma de *regulação*, enquanto técnica de alocação de recursos privados a partir do estabelecimento de parâmetros de conduta, com vistas ao equilíbrio sistêmico[74]. E nela se enquadra o fomento estatal financeiro como regulação *por incentivos*, para usar a expressão de Moreira:

> O conceito de regulação deve abranger todas as medidas de condicionamento da atividade económica, revistam ou não forma normativa. Na regulação haverá assim que distinguir os instrumentos de regulação normativa (lei ou outro instrumento) e as medidas administrativas ou outras de intervenção (concertação convencional, polícia administrativa, subsídios e outros incentivos, medidas de política financeira e monetária, etc.). O essencial do conceito de regulação é o de alterar o comportamento dos agentes econômicos.[75]

Partindo desta premissa, passa-se a analisar de que forma os instrumentos de fomento financeiro estatal, enquanto técnica de regulação econômica, são manejados pela Administração Pública para atuar na ordem econômica. Como será visto, o fomento alcança em melhor medida os seus objetivos quando executado no contexto de políticas públicas, em cumprimento à determinação constitucional de planejamento da atuação do Poder Público (art. 174).

[74] A expressão equilíbrio sistêmico é utilizada aqui para referir a um modelo ideal de economia em que não há falhas de mercado (que a desequilibre), e também à coordenação entre os diversos aspectos envolvidos na regulação, que não deve privilegiar nem o Estado, nem os agentes privados, nem os demais administrados (usuários/consumidores). Sobre regulação e equilíbrio sistêmico vide Guerra (2015, p. 98). Sem maiores considerações (inclusive de cunho econômico) acerca da intensidade da atuação estatal na economia como forma de inibir falhas de mercado, parte-se da premissa de que a Constituição Federal autoriza esta atuação, o que é suficiente para justificá-la.

[75] (MOREIRA, 1997, p. 31).

1.3.2 O fomento financeiro por meio de políticas públicas econômicas

O fomento estatal parte da premissa de que, em certas circunstâncias, a economia depende faticamente do Estado, enquanto o Estado busca na estabilidade do sistema econômico elemento de legitimidade. Logo, a *performance* da economia é, também, colocada sob sua responsabilidade, justificando a regulação em sentido amplo – e dentro disso o exercício do fomento.

Para tanto, o ordenamento estabelece um conjunto de instrumentos à disposição da Administração Pública para atuação na economia, sem, contudo, indicar seu modo de utilização. Eis a margem de *discricionariedade* do administrador público na função de fomento, para fazer escolhas de caráter econômico-político (atuação na ordem econômica), a partir de parâmetros e procedimentos jurídicos.

Neste sentido, por se tratar de função administrativa, atrai necessariamente a incidência dos princípios da eficiência, da motivação e da publicidade, de onde se extrai a necessidade de planejamento no exercício do fomento[76], dever do Poder Público que se materializa por meio das chamadas *políticas públicas.*

Políticas estas que não são tema restrito às ciências econômicas e políticas, mas que estão na pauta dos juristas. Isso porque se trata de um conjunto de decisões tomadas *a partir* de normas jurídicas (que preveem os objetivos do Estado), *por meio* de normas jurídicas (que estabelecem seus instrumentos da atuação), *conforme* normas jurídicas (regras de competência das estruturas decisórias) e *controladas* por normas jurídicas (verificação de juridicidade), que constituem um programa de ação a ser implementado pelo Estado (em associação com agentes privados) para realização de objetivos públicos.

Em matéria de fomento estatal financeiro na ordem econômica, destacam-se as políticas comercial, industrial, econômica e de crédito, que estruturam a economia nacional em um contexto macro. Ciente dos

[76] O planejamento é elemento tão significativo no exercício das funções administrativas que já se chegou a considerar a existência de um "Direito do Planejamento". A referência é feita por Grau (1978, p. 223), ainda que o autor conclua por refutar a ideia de um Direito do Planejamento.

ciclos econômicos, e da dificuldade de o mercado subsistir a estas oscilações sem a atuação estatal, as políticas públicas em âmbito econômico são justificadas para auxiliar a economia, permitindo que ela se torne competitiva em médio ou longo prazo sem o auxílio financeiro do Estado.

As políticas industriais, por exemplo, procuram promover maior competitividade da indústria nacional, expandindo seu acesso aos mercados, desenvolvendo indústrias de produtos com maior valor agregado, estimulando a inovação tecnológica e, com isso, aumentando a exportação e substituindo importações.

Já as políticas comerciais visam a coordenar a relação entre a economia nacional e internacional, com observância dos acordos e negociações celebrados entre países, para proteger o mercado interno da concorrência externa e projetar indústrias nacionais no mercado internacional. Isso se dá, dentre outros, por meio de subsídios à exportação ou, no caso de políticas de aquisição nacional de bens e de conteúdo local, por meio de incentivos governamentais dados à indústria, como desonerações tributárias e acesso a crédito que estimulem a aquisição de produtos nacionais.

Como visto, estas políticas – consideradas políticas de *incentivo* – pautam-se essencialmente em instrumentos de fomento financeiro, como benefícios tributários, creditícios e financeiros. Mas o arranjo da utilização destes instrumentos dependerá de decisões que extrapolam o âmbito do direito, envolvendo periodicamente aspectos político-ideológicos sobre qual o papel do Estado no desenvolvimento socioeconômico – ora instituindo políticas industriais mais corretivas (voltadas a evitar falhas de mercado); que prestigiem paradigmas existentes de produção; ou ainda, que impulsionem a especialização industrial.

Isso não significa que não haja parâmetros jurídicos para as decisões a serem tomadas pela Administração Pública. Como será visto no tópico subsequente, o ordenamento estabelece uma série de normas aplicáveis às políticas de fomento, e que podem ser sistematizadas em um procedimento composto por decisões e ações, que vão desde a escolha dos instrumentos de fomento financeiro até o controle dos seus resultados.

1.4 Os parâmetros jurídicos das políticas de fomento

Estabeleceu-se acima a premissa de que o fomento estatal financeiro na ordem econômica é função administrativa que implica regulação estatal em sentido amplo, sendo implementada por meio de políticas desenvolvidas pela Administração Pública. Cada uma destas qualificações implica sujeitar a função de fomento a um conjunto de normas que, sistematizadas, conduzem a um procedimento a ser observado pelo agente fomentador no exercício da função.

Segundo Moreira, técnicas de regulação estatal devem ser implementadas seguindo um procedimento constituído de seis fases: formulação de orientações; definição e operacionalização das regras; sua implementação e aplicação; controle da aplicação das regras; sancionamento dos transgressores; e decisão de recursos[77].

As duas últimas fases constituem o regime jurídico de responsabilização dos agentes em caso de insucesso da regulação, o que pode implicar a incidência, inclusive, de normas de direito criminal – cuja análise ultrapassa o escopo da pesquisa (como o enquadramento de condutas nas hipóteses de crime contra a ordem tributária, Lei n. 8.137/1990).

As políticas de fomento serão estudadas, portanto, em quatro etapas: planejamento; estruturação das medidas; implementação a partir da adesão do agente fomentado; e governança (enquanto atos de fiscalização e controle de resultados).

1.4.1 Planejamento

A necessidade de *planejamento* por parte da Administração Pública no exercício do fomento na ordem econômica é extraída, quando menos, de três dispositivos da Constituição Federal. Primeiramente, a previsão do art. 174 da Constituição, que estabelece que como agente normativo

[77] Essas seis fases seriam condensáveis em três (aprovação das normas; implementação concreta; fiscalização e punição). Ainda segundo Moreira (1997, p. 36), a teoria da regulação jurídica moderna engloba, além do exercício do Poder Legislativo e Executivo, a teoria da jurisdição. Neste trabalho não serão analisadas as instâncias de controle externo da função de fomento público, restringindo-se ao processo de regulação na esfera da Administração Pública fomentadora.

e regulador da ordem econômica o Poder Público deve exercer função de planejamento, ficando vinculado aos planos que apresentar. É dizer, quando atua de forma indireta na economia (enquanto agente *normativo* e *regulador*), deve fazê-lo de forma planejada. É o que se passa no fomento, inclusive como forma de justificar a seletividade que lhe é inerente (por exemplo, instituição de eventual descrímen entre concorrentes de um mesmo setor que receberão subsídios, ou entre contribuintes que pagam um mesmo tributo, sendo alguns beneficiados com isenção ou redução de alíquota).

Além do art. 174, quando o fomento é implementado por meio de instrumentos financeiros a necessidade de planejamento como etapa inicial é reforçada por envolver despesas e renúncia de receitas públicas, atraindo o regime jurídico orçamentário que é pautado pelo planejamento. Neste sentido, o art. 84, XI, da Constituição prevê que compete ao Presidente da República, no início da sessão legislativa, remeter plano de governo ao Congresso, expondo a situação do País e solicitando as providências que julgar necessárias.

Já o art. 84, XXIII, da Constituição prevê a competência do Presidente da República para enviar ao Congresso Nacional o Plano Plurianual, a Lei de Diretrizes Orçamentárias e a Lei Orçamentária Anual, todos sujeitos à aprovação do Congresso. Estas leis de iniciativa do Executivo contêm, respectivamente, as diretrizes, objetivos e metas da administração pública federal para as despesas de capital e relativas aos programas de duração continuada; as metas e prioridades da administração para o exercício financeiro subsequente, orientando a elaboração da lei orçamentária anual e estabelecendo a política de aplicação das agências financeiras oficiais de fomento; e o orçamento fiscal do Poder Público federal, com demonstrativo regionalizado do efeito de quaisquer benefícios de natureza financeira, tributária ou creditícia sobre receitas e despesas públicas (art. 165 da Constituição). Quaisquer programas ou planos regionais e setoriais deverão ser elaborados de acordo com o plano plurianual, e serão vedados caso não incluídos na lei orçamentária anual (art. 167, I, da Constituição).

Ao dispor de recursos públicos, portanto, o exercício do fomento financeiro fica condicionado a planejamento orçamentário por parte da Administração Pública. Planejamento este que já deve indicar o conjunto de objetivos e metas a serem alcançadas a partir de cada programa ou medida que implique despesa ou renúncia de verba pública, justificando a escolha dos meios. E todas as metas devem estar associadas ao atingimento de objetivos públicos previstos na Constituição, sobretudo o art. 3º.

Mas o planejamento econômico que embasa a adoção do fomento público como técnica de regulação estatal não pode se limitar ao planejamento orçamentário. Ainda que o orçamento vise a racionalizar o processo de arrecadação e gasto público, isto por si só não tem o condão de gerar o efeito transformador na realidade socioeconômica que se espera do exercício da função de fomento financeiro. Sobretudo da função administrativa de fomento, que visa ao desenvolvimento socioeconômico não de forma direta pelo Estado (que tem por essência perquirir interesses públicos), mas por meio da atuação de agentes privados, que de forma seletiva se beneficiam de recursos públicos para atender a interesses públicos. Por meio do planejamento, portanto, evita-se que o incentivo se converta em enriquecimento ilícito, destituído de finalidade.

O art. 174, §1º, da Constituição federal, prevê a elaboração de Lei que estabeleça *diretrizes e bases do planejamento do desenvolvimento nacional equilibrado,* incorporando e compatibilizando os planos nacionais e regionais de desenvolvimento. Contudo, segundo Bercovici, a Lei referida no dispositivo constitucional não foi editada de forma adequada: ainda que a Lei n. 10.180/2001 estabeleça *sistemas de planejamento e de orçamento federal da Administração Financeira Federal,* a legislação acabou por racionalizar apenas o processo orçamentário, seguindo a lógica da "disputa, previsão, alocação e implementação de gastos públicos"[78].

[78] Neste sentido, vide a crítica feita por Bercovici (2015, p. 32). No mesmo artigo o autor retrata a experiência brasileira de planejamento, indicando que a primeira experiência efetiva, no sentido de dar unidade a todos os projetos e programas setoriais previstos, teria sido o Plano de Metas (1956-1961), e que após 1979, com a revogação dos atos institucionais e complementares, não teria havido lei que regulasse o planejamento nacional por pelo menos dois fatores: estrutura administrativa (ausência de coesão, de órgão planejador e coordenador, o que impede a unidade de políticas socioeconômicas) e redução do planejamento ao orçamento. Sem falar da ausência de mínimo consenso em torno do projeto constitucional de desenvolvimento.

Mas, se por um lado, a responsabilidade fiscal é relevante para equilibrar receitas e despesas públicas, por outro o planejamento não pode se esgotar no orçamento. Planejamento efetivo demanda uma perspectiva socioeconômica global por parte do Estado, dando unidade à sua atuação com clareza das metas de desenvolvimento a serem atingidas, evitando-se políticas ou programas contraditórios, não coordenados, ou ainda, meramente conjunturais – que em curto ou médio prazo podem ser alterados, sem alcançar qualquer fim que pressuponha longo prazo para transformação socioeconômica efetiva.

Esta concepção de planejamento efetivo que vai além do orçamento decorre do próprio comando de eficiência, que orienta o exercício de funções administrativas (art. 37, *caput*, da Constituição), e que se aplica, pois, ao fomento financeiro. Enquanto forma de atuação estatal na economia, seu exercício deve ser antecedido de estudos e análise de dados que justifiquem as escolhas públicas. E ainda, dar-se em um contexto de programas e políticas coordenadas, para evitar que incentivos (que gerem externalidades positivas) sejam anulados por políticas instaladas em outra frente (gerando externalidades negativas), consagrando a ineficiência da medida. Por exemplo, medidas econômicas que visem ao desenvolvimento do setor automotivo (com potencial aumento de emprego, de receita tributária ao Estado) devem ser conciliadas com políticas de estímulo ao uso de transporte coletivo de passageiros, de controle de poluição em grandes cidades (para a qual o uso de veículos automotivos contribui) e de planejamento urbano.

Ademais, a própria característica de seletividade do fomento, que excepciona a isonomia em matéria tributária e a livre concorrência, impõe planejamento efetivo que motive e traga transparência à decisão estatal de fomentar um ou alguns agentes e setores econômicos em detrimento de outros[79]. O que no limite também se impõe em vista da impessoalidade e da moralidade administrativa, que veda a concessão de benefícios a alguns agentes privados sem que haja correlação lógica

[79] A questão se acentua na concessão de benefícios fiscais, creditícios e financeiros estaduais, a instalar a chamada Guerra fiscal (que não é foco desta pesquisa, mas reforça o que vem se indicando acerca de fomento e planejamento).

entre este descrímen e uma situação de desigualdade que a justifique[80]. Todas estas diretrizes constam do art. 37, *caput*, da Constituição.

1.4.2 A estruturação normativa

Uma vez consolidado o planejamento pelo Poder Executivo, dá-se início à *estruturação das regras* que veicularão a política de fomento financeiro, sobretudo por meio das normas de direito tributário, financeiro e orçamentário (conforme indicado no item 1.1.2 acima), a depender do instrumento de fomento utilizado no plano. Em se tratando de disponibilidade de recursos públicos, nesta espécie de fomento a atuação do Legislativo é essencial à aprovação de medidas para sua operacionalização. Por exemplo, na conversão em lei de programas de fomento instituídos por meio de Medida Provisória ou na aprovação das leis orçamentárias de iniciativa do Executivo (Plano Plurianual, Lei de diretrizes orçamentárias e lei orçamentária anual). Já em caso de benefícios creditícios, a estruturação vai implicar criação de regras também internamente às instituições financeiras, que intermediarão a operação de crédito favorecido pelo Poder Público, como na definição de critérios e de modelos contratuais adequados.

Aprovados e convertidos em lei os projetos e programas objeto de planejamento, mesmo que não haja previsão de sanção associada à sua não observância pelo Poder Público, ela o obriga internamente, criando deveres para os servidores responsáveis pela sua implementação (ainda que admitida a possibilidade de alteração do plano). É razoável, inclusive, que a medida contida no plano instale mais do que mera expectativa aos agentes privados que a ele venham a aderir, implicando a responsabilidade extracontratual do Estado em face de descumprimento (com base na boa-fé objetiva e na confiança legítima do administrado[81]).

[80] Sobre o princípio da isonomia e a possibilidade de discriminação legal entre administrados, vide Mello (2014, p. 23). Especificamente sobre a atividade de fomento e o princípio da isonomia, vide Mello (2010).

[81] Sobre o tema, vide Silva (2003). Também sobre fomento e confiança legítima, com as devidas ressalvas em relação ao conceito de fomento de que ora se parte e a concepção de serviços de interesse econômico Geral no Direito Comunitário Europeu, vide Silva (2015).

No caso do fomento financeiro, entende-se que a vinculação do agente fomentador em conceder o benefício previsto está diretamente relacionada com a exigência (e efetiva implementação) de eventual contraprestação pelo agente fomentado que venha a aderir ao programa – seguindo este raciocínio é que a Súmula n. 554 do Supremo Tribunal Federal prescreve que "isenções tributárias concedidas, sob condição onerosa, não podem ser livremente suprimidas".

Por outro lado, como até essa etapa não houve adesão pelos agentes privados, ainda não há dever a eles atribuído, nem à Administração no que respeita à implementação da política, podendo haver revogação das medidas, se devidamente justificado[82]. Afinal, se há algum efeito de regulação econômica no fomento até este ponto, é meramente potencial (a já referida *soft regulation*).

1.4.3 Implementação

Estruturados os instrumentos de fomento, inicia-se a etapa de *implementação*. Em se tratando de função que pressupõe convite pelo Poder Público e aceite pelos agentes privados (que aceitam o estímulo e a contrapartida daí decorrente), a adesão voluntária é o ato que instala a implementação do fomento financeiro. E a partir daí cabe à Administração providenciar as medidas necessárias à despesa pública, às desonerações tributárias ou à concessão do crédito favorecido, tudo condicionado à verificação do enquadramento do agente fomentado aos requisitos do programa ou medida de fomento financeiro instituídos.

Em caso de instrumentos que demandam despesa pública, ocorrerão a execução orçamentária e financeira, com empenho (reserva de crédito), liquidação e pagamento das despesas, a partir de programação financeira e cronograma de execução previstos em Decreto (conforme

[82] Sobre o tema, com foco nas isenções tributárias, Baleeiro (1999, p. 606) pontua que "a regra deve ser a revogabilidade ou a redutibilidade da isenção em qualquer tempo em que o Estado entenda que ela já não corresponde ao interesse público do qual promanou. Mas há exceções, quando a isenção, pelas condições de sua outorga, conduziu o contribuinte a uma atividade que ele não empreenderia se estivesse sujeito aos tributos da época". Em síntese, o entendimento privilegia a boa-fé objetiva e a confiança legítima como elementos capazes de excepcionar a generalidade da tributação, que deve ser a regra.

o art. 8º da Lei Complementar n. 101/2002)[83]. Já em se tratando de fomento por renúncia de receita, como nas desonerações tributárias, a implementação poderá se iniciar por ato do Poder Público no que se refere à cobrança (considerando desde logo a alíquota reduzida, o pagamento diferido ou a isenção, por exemplo), ou do próprio agente fomentado que se enquadre nos requisitos – isso dependerá do instrumento de desoneração e da espécie de lançamento do tributo de que parte o estímulo. Em caso de fomento financeiro creditício, a adesão, de usual, implica a assinatura de contrato entre particular e as instituições financeiras que operacionalizam a concessão do crédito favorecido.

Em qualquer das hipóteses, o benefício concedido estará condicionado ao atingimento de um fim público, mais ou menos imediato – por exemplo, auxílios financeiros a um agente ou setor com a finalidade de gerar investimento para aumento de capacidade produtiva; ou ampliação de arrecadação tributária após aumento da produção e do consumo em determinado setor ou agentes. Em todos os cenários, o resultado imediato decorrerá do cumprimento das contrapartidas pelo agente beneficiado, como o uso adequado dos recursos públicos, e que já serão conhecidas de antemão pelo agente privado. Afinal, no momento da adesão ele já estará ciente das contraprestações eventualmente decorrentes do benefício.

Segundo Marques Neto, a existência destas contrapartidas não visa a ressarcir, remunerar ou compensar o Estado pelo incentivo (não torna a relação sinalagmática). Elas apenas asseguram ou potencializam o alcance dos interesses públicos que fundamentam a concessão do benefício. Isso instala, por um lado, o *dever jurídico* de observância das contrapartidas pelo agente privado[84], e por outro, o dever da Administração

[83] Sobre as normas orçamentárias para implementação dos instrumentos de fomento financeiro, vide Kanayama (2016, p. 126-152).

[84] "Nem a exigência de o particular desempenhar sua atividade a partir das condições postas pelo ato de fomento é obrigação jurídica em sentido estrito, nem é, como defende Fernández Farreres, ônus, palavra que, no Brasil, assume caráter influenciado pelo Direito Processual, mas é, pura e simplesmente, *dever jurídico*. (...) "Desenvolver a atividade na direção indicada pela Administração é gravame genérico aposto ao conteúdo do ato fomentado. O agente privado deve desenvolvê-la dentro dos objetivos da ação de fomento, mesmo que a Administração não possa compeli-lo a tal". (MENDONÇA, 2014, p. 376).

Pública de controlar o seu cumprimento e o alcance dos fins públicos, afinal, é este o fundamento da função. Eis a quarta etapa do fomento financeiro – o *acompanhamento da sua execução e dos resultados visados.*

1.4.4 Fiscalização da execução e o acompanhamento de resultados

A análise de resultado não se limita a verificar a correta destinação dos recursos pelos agentes fomentados, mas também em que medida o fomento implicou, em médio ou longo prazo, o alcance das metas de desenvolvimento (que, em última análise, é objetivo da função). O acompanhamento da execução do fomento por parte da Administração Pública deve se dar, então, desde a concessão do benefício até o momento posterior ao seu término. Por exemplo, se um setor econômico foi beneficiado com alíquotas mais baixas para redução do custo da produção e, pois, aumento do consumo (com incremento de arrecadação tributária no momento seguinte), a fiscalização pelo Poder Público não pode se limitar a verificar a redução do custo da produção, ou o aumento de consumo, mas também o efetivo incremento de arrecadação (pelo menos em médio prazo).

Verificar os resultados não significa, portanto, fiscalizar apenas o cumprimento das contraprestações do privado. Especialmente porque o agente fomentado não é direta e exclusivamente responsável pelos resultados que se espera do fomento em termos de desenvolvimento socioeconômico do País. Isso será resultado de um conjunto de fatores e de programas e políticas coordenadas (que justificam o planejamento estatal da economia). O que caberá ao agente fomentado é dar a adequada destinação ao benefício financeiro, creditício ou fiscal por ele percebido, que em termos mais ou menos genéricos constará do ato de adesão. Inclusive, para que não restrinja a liberdade de iniciativa do agente econômico privado, é possível que não haja destinação absolutamente específica quando da concessão do benefício (por exemplo, comprar equipamento x ou adquirir imóvel y, mas destinado, por exemplo a *aumento de capacidade produtiva*).

Em relação à destinação adequada dos recursos, instala-se um dever jurídico ao agente fomentado, de modo que, segundo Marques Neto, havendo no ato de adesão ao benefício a previsão de contrapartidas, é adequado que o Poder Público preveja consequências em caso de descumprimento – o mais imediato deles, o desligamento do beneficiário do programa. Estes efeitos não consistirão em sanção negativa (que, se desproporcionais, podem até desestimular a adesão), mas ressarcir os cofres públicos pelos custos incorridos com vistas a um fim público que não mais será atingido por descumprimento das contrapartidas pelo privado. Por exemplo, exigir a devolução de recursos inutilizados ou indevidamente utilizados[85].

A partir deste ponto a discussão deixa de se referir ao exercício da função de fomento propriamente dita. Passa-se ao estudo das normas de responsabilização de agentes públicos e privados, que se aplicam ao exercício indistinto de funções administrativas – uma das razões pelas quais não constituem objeto desta pesquisa.

O acompanhamento da execução dos programas de fomento e a verificação dos seus resultados, portanto, encerra o procedimento de "controle interno" da função administrativa. Mas a relevância do acompanhamento não se esgota na verificação dos resultados ou eventual responsabilização de agentes – se for o caso. Ela deve conduzir à análise crítica do plano, pois é após a implementação dos instrumentos de fomento que se poderá concluir pela sua capacidade efetiva de alcançar os objetivos visados. E isso deve levar à interrupção, continuidade ou até à mudança das variáveis do programa de fomento.

85 (MARQUES NETO; KLEIN, 2014, p. 463).

2. ANÁLISE DE CASO: O FOMENTO ESTATAL FINANCEIRO E OS INCENTIVOS AO SETOR AUTOMOBILÍSTICO NO BRASIL

Até o momento, foram descritos os aspectos teóricos da função administrativa de fomento público financeiro. Passa-se então à análise de caso na concessão de incentivos desta natureza, verificando-se aspectos práticos da utilização dos instrumentos de fomento público financeiro.

2.1 Questões preliminares

Antes de iniciar a análise de caso, duas questões devem ser apresentadas. A primeira, relativa à hipótese que fundamenta toda a análise. A segunda, à contextualização do caso analisado.

2.1.1 Aspectos práticos do fomento público financeiro: incentivo eficiente ou voluntarismo indiscriminado?

Nada obstante os parâmetros jurídicos descritos no Capítulo 1, acerca do exercício do fomento estatal financeiro, sua utilização pela Administração Pública tem sido objeto de preocupação, verificando-se nele um instrumento de favorecimento indevido de agentes privados, de voluntarismos políticos ou, simplesmente, como forma ineficiente de dispêndio de recursos públicos.

Neste sentido, ao tratar dos aspectos práticos na concessão de subvenções, Ariño Ortiz destaca problemas de ineficiência econômica e de fraude e corrupção, agravados por uma dificuldade de controle externo (mesmo em referência à Espanha, que dispõe de lei para a concessão de subvenções[86]). No primeiro caso, por subvenções inúteis ou supérfluas, que distorcem os mercados, implicam desperdício de recursos públicos e são concedidos pela Administração sem observância a limites legais, sem que os Tribunais se sintam aptos a revisar os parâmetros de concessão, pois sujeitos a um juízo de avaliação das necessidades da economia nacional. No segundo caso, em vista da discricionariedade na concessão dos incentivos, eles seriam usados como contrapartidas a favores políticos, servindo de instrumento para transformação do Estado social em *Estado de amiguismo*[87].

No mesmo sentido, Mendonça destaca oito *riscos* do exercício da função de fomento estatal, sendo o principal deles a intervenção desmedida, que oscila entre o excesso (ou a insuficiência) e a arbitrariedade. Os demais riscos consistem em insucesso, corrupção, paralisia, inutilidade/ineficácia, distorções concorrenciais, *administrativização* do espaço privado e de insubmissão ao princípio da legalidade.

Os possíveis efeitos negativos dos incentivos na economia já foram objeto de análise inclusive pelo Conselho Administrativo de Defesa da Econômica (CADE) e pelo Banco Nacional de Desenvolvimento Econômico e Social (BNDES), destacando-se, em ambos os casos, os problemas de ineficiência alocativa de recursos – na medida em que o estímulo estatal altera a lógica de mercado na alocação de recursos privados[88].

A hipótese desta pesquisa decorre de questão que se coloca a partir destas considerações: a função administrativa de fomento financeiro vem sendo exercida, em termos procedimentais, de acordo com os parâmetros jurídicos existentes, identificando-se ilegalidades nas etapas de planejamento, estruturação, implementação e governança?

Para confirmar ou infirmar a hipótese, este Capítulo é destinado à análise em concreto de uma das políticas de fomento público financeiro mais utilizadas pela Administração Pública Federal desde os anos 90: a de incentivos ao setor automotivo.

[86] Desde 2003, a Espanha conta com uma Lei Geral de Subvenções, Lei n. 38/2003, regulamentada pelo Real Decreto n. 887/2006. Sobre o tema, vide Bueno Armijo (2013).

[87] (ARIÑO ORTIZ, 2004, p. 317-321).

[88] Em relação ao CADE, vide a Consulta n. 38/99, Relator Cons. Marcelo Calliari, mar. 2000. A análise do BNDES consta do Informe SF n. 4.

Em vista do recorte, o estudo de caso não permitirá extrair conclusões gerais sobre o exercício do fomento público financeiro a atividades econômicas – objetivo praticamente impossível em vista da multiplicidade de ações administrativas com este intuito. A análise parte de uma amostra para averiguar em concreto o que vem sendo apontado na doutrina sobre o tema.

Antes disso, para fins de contextualização, faz-se breve descrição do setor automotivo e da sua regulação estatal por meio de fomento após a Constituição de 1988.

2.1.2 Contextualização: descrição do setor automotivo

Até 1990, o setor automotivo no Brasil era objeto de medidas de protecionismo[89]. Só a partir daí, com o fim destas, e em parte impulsionado por acordos de integração comercial e produtiva celebrados com a Argentina[90], é que políticas industriais voltadas ao setor ganharam relevância no País – mesmo diante da desarticulação do arranjo desenvolvimentista[91]. Os incentivos estatais financeiros passaram então a ser considerados essenciais para que as indústrias nacionais pudessem competir com as estrangeiras – em vista da defasagem tecnológica que caracterizava a produção daquelas.

Inicialmente, entre 1991 e 1994, os incentivos concedidos pela Administração Pública federal para incrementar a produção nacional

[89] Para um histórico do desenvolvimento da indústria automotiva em todo o mundo, e a sua expansão aos mercados da Ásia e América do Sul, vide Calandro (2000).

[90] Segundo Calandro (2000, p. 117), as políticas setoriais instituídas no País foram antecedidas de acordos feitos com a Argentina (tal como o Protocolo 1, de 1988), cujo Governo já se preocupava em estimular e desenvolver os agentes do setor. Segundo Zauli (2010), estas medidas de fomento ao setor tiveram início em reivindicação das próprias montadoras, no contexto do Mercosul.

[91] Segundo Schapiro (2017, p. 440-442), o período desenvolvimentista se deu entre 1950 e 1980, durante o qual o setor foi beneficiado com tarifas de importação seletivas, que facilitavam a importação de insumos e protegiam a manufatura nacional; fornecimento de insumos a um baixo custo, pois produzidos por estatais; e financiamento a taxas subsidiadas por bancos públicos. Mas ainda assim, mesmo sendo um dos mais relevantes em termos de geração de riqueza até os anos 80 (chegando a representar 15,6% do PIB industrial em 1975), em 1990 este percentual já chegava a 10,6%, ficando à margem da competição global.

limitaram-se aos chamados Acordos da Câmara Setorial Automotiva – estrutura tripartite integrada por empresários (entre montadoras e fornecedores de autopeças), empregados e o Governo federal.

Estes acordos eram embasados em cessões de cada uma das partes envolvidas, como redução de margem de lucro por parte dos empresários, aceite de ajustes na política salarial pelos empregados e benefícios fiscais concedidos pelo Executivo. O primeiro acordo, por exemplo, teve como objetivo reduzir o valor de venda dos veículos nacionais em 22%. Para tanto, foi reduzida a alíquota do IPI em 6%, e sugeriu-se ao CONFAZ[92] a redução de 6% da alíquota de ICMS (tributo de competência estadual). O acordo vigorou durante o ano de 1992.

No início de 1993, o segundo acordo trouxe metas mais claras, como redução em mais 10% do preço dos veículos; acréscimo de vendas (atingindo 1,2 milhão de veículos em 1993; 1,35 milhão em 1994; e 1,5 milhão em 1995, e 2 milhões em 2000); e aumento de investimento por parte dos empresários para ampliar a capacidade produtiva e modernizar a produção, com aporte global de R$20 bilhões até o ano 2000. Para tanto, os instrumentos financeiros de incentivo público ao setor foram: ampliação de financiamentos pelo BNDES; nova redução da alíquota do IPI em mais 6% para automóveis e 2% para veículos comerciais leves; e nova sugestão ao CONFAZ para redução de ICMS[93].

A política por meio de acordos na Câmara não se sustentou. Consistia antes em *alívio conjuntural* nas pressões competitivas do setor do que em programa de desenvolvimento socioeconômico sustentável de médio ou longo prazo que robustecesse a indústria nacional. Por esta razão, também, não impediu nova crise setorial nos anos seguintes, a gerar pressão política pela concessão de mais auxílios públicos.

Entre 1994 a 1995, encerraram-se as negociações da Câmara, e o auxílio estatal ao setor pautou-se basicamente em reduções pontuais de

[92] Conselho Nacional de Política Fazendária, a quem compete "promover a celebração de convênios, para efeito de concessão ou revogação de isenções, incentivos e benefícios fiscais do ICMS, de acordo com o previsto no CTN e na **Lei Complementar n. 24, de 7 de janeiro de 1975.** Informações disponíveis em: <https://www.confaz.fazenda.gov.br/menu-de-apoio/competencias>. Acesso em: 14 nov. 2017.

[93] Sobre os dois acordos da Câmara Setorial, vide Schapiro (2017, p. 440-444).

alíquota do imposto de importação de veículos e peças (em setembro de 1994, segundo De Negri, este imposto atingiu seu nível mais baixo – 20%[94]). Mas por não se tratar de programa de desenvolvimento do setor, a medida (somada à valorização cambial, com o Plano Real) teve como efeito incrementar a importação de veículos automotivos. Isso levou novamente à adoção de medidas de protecionismo pelo Governo federal como forma de controlar as importações – em março de 1995 a alíquota do imposto de importação chegou a 70%.

Nesse contexto, mesmo diante de um Governo que via com restrição a adoção de políticas industriais, programas de estímulo ao setor automotivo foram repensadas[95], e, em meados de 1995, foi lançada a base do que viria a se denominar o *Regime Automotivo Brasileiro (RAB)*, primeiro programa de incentivos tributários estruturado pela Administração Pública federal após a abertura do mercado nacional em 1990. O programa visava a aumentar a capacidade produtiva e de exportação das empresas situadas no País, tendo em vista o volume de importações que prejudicava o equilíbrio comercial.

Este programa vigorou integralmente até 1999, e parte dos benefícios lá instituídos foram mantidos até 2015. Em paralelo, a partir de 2012 foi criado o chamado Inovar-Auto (2012), medida de incentivos fiscais cuja vigência se encerrou em 31 de dezembro de 2017[96].

Além destes, o setor automotivo foi objeto de fomento público nas últimas décadas também através de medidas horizontais, como o Plano Nacional da Cultura Exportadora (PNCE)[97], e de benefícios creditícios,

[94] (DE NEGRI, 1999, p. 216).

[95] A afirmação é feita por Schapiro (2017, p. 438; 444), ao tratar dos incentivos tributários ao setor automotivo no Brasil. Segundo o autor, o então Ministro da Fazenda em 1995 teria afirmado que "a melhor política industrial é não ter política industrial".

[96] Por ocasião do fim do Inovar-Auto, o Governo federal divulgou em abril de 2017 uma nova política de incentivo ao setor automotivo, denominada Rota 2030, tendo inclusive instituído Grupo de Alto Nível para debater os desafios do setor (o GAN 2030 – Portaria n. 516/2017do MDIC). O programa foi objeto de intenso embate entre Ministérios da Fazenda (preocupado com os ajustes fiscais) e do MDIC, tendo sido publicado em 2018 (MP 843, convertido na Lei 13.755/2018).

[97] O PNCE foi lançado em 2012 e a partir de 2015 passou a integrar o Plano Nacional de Exportação – ambas políticas de fomento de caráter horizontal. Ele é composto por inúmeras instituições públicas e privadas e estabelece uma série de medidas, como disponibilização de dados, acesso a informações, ferramentas de divulgação de empresas, e incentivo fiscal – como a isenção de IR

sobretudo por intermédio do BNDES[98], mas que não compunham a estrutura das políticas de estímulo setorial – eminentemente fiscais. Aliás, não há registro de que havia coordenação entre as políticas de fomento fiscais e os instrumentos de fomento público creditício concedidos. A rigor, como será visto, não havia coordenação nem sequer entre os benefícios fiscais federais ao setor automotivo, que nesses mais de vinte anos não se limitaram às duas principais políticas públicas de fomento ao setor, pautadas em desonerações tributárias.

As duas políticas públicas de fomento ao setor automotivo já encerradas, RAB e Inovar-Auto, serão analisadas nos pontos 2.2 e 2.3. Em vista do curto prazo de vigência da política mais recente (Rota 2030), e da consequente inexistência de informações disponíveis sobre sua eficácia e resultados, ela não foi objeto de análise específica[99].

2.2 O Regime Automotivo Brasileiro – RAB (1995-1999)

2.2.1 Descrição da política de fomento

O primeiro programa de fomento estatal financeiro federal ao setor automotivo após 1990 foi denominado de Regime Automotivo Brasileiro

nas remessas para pagamento de despesas com participação em *workshops* internacionais, missões comerciais ou pesquisa em mercados atrativos – o chamado Sistema de Registro de Informações de Promoção (SISPROM). O PNCE é pautado por cinco estratégias, promoção do comercial, acesso a novos mercados, facilitação do comércio, aplicação de benefícios tributários, e financiamento e garantia às exportações. Para uma análise crítica do PNE, indicando-se que o alvo preferencial da política seria o setor automotivo, vide Costa (2016, p. 20-21).

[98] Estes incentivos creditícios por instituições financeiras constituem tanto medidas horizontais de apoio, à inovação ou à indústria de modo geral, como medidas verticais, por exemplo, as ajudas oferecidas pelo Banco do brasil – BB e pela Caixa Econômica federal – CEF setor automotivo em momentos de dificuldades. O Banco do Brasil também opera como único agente financeiro da União na gestão do PROEX, tanto para fins de financiamento a empresas com faturamento bruto anual de até R$600 milhões, como para equalização de juros para empresas brasileiras exportadoras de qualquer porte.

[99] Informações sobre este programa, instituído através da MP 843/2018, e convertido na Lei 13.755/2018, podem ser encontradas em http://www.mdic.gov.br/index.php/competitividade-industrial/setor-automotivo/rota2030#:~:text=O%20Programa%20Rota%202030%20%2D%20Mobilidade,um%20regime%20tribut%C3%A1rio%20especial%20para, acesso em 4 de setembro de 2020.

(RAB). Com início em 1996, ele pautava-se exclusivamente na concessão de incentivos tributários aos agentes do setor.

Ele visava, por um lado, a conter o volume de importações em um cenário de abertura do mercado e valorização cambial (para equilibrar a balança comercial) e, por outro, a resistir à pressão concorrencial da Argentina a partir do programa de incentivo lá instituído ao setor, denominado Regime Automotriz.

Foi estruturado por meio da Medida Provisória n. 1.024/1995, reeditada vinte e duas vezes (chegando a ser revogada em uma das edições) até a versão final, n. 1536-22/1997, convertida na Lei n. 9.449 e regulamentada pelo Dec. n. 2.072/1997[100].

Este Regime (chamado de geral) baseava-se na redução do Imposto de Importação – II para montadoras e fabricantes de autopeças situados em todo o País. A minoração inicialmente prevista era de 90% do imposto para importação de bens de capital, a compor o ativo permanente das empresas; de 70% no exercício de 96, 50% no de 97 e 40% para os exercícios de 98 e 99 para importação de insumos, que deveriam ser usados no processo produtivo; e de até 50% do imposto para importação de veículos automotivos pelos beneficiários. A expectativa era, a partir de um regime especial de importação, atrair investimentos estrangeiros, aumentar a capacidade produtiva nacional e – ato seguinte – o volume de exportações.

Como contrapartida a ser observada pelos agentes fomentados, foi estabelecida proporção entre o valor das importações dos insumos e das exportações líquidas feitas pelos beneficiários; ou entre o valor de aquisição de cada insumo /bem de capital produzido no País e o valor total da importação destes itens. Estas regras não se aplicariam a empresas signatárias de compromissos especiais de exportação até seu encerramento, e não revogariam as regras de comércio realizado no âmbito do MERCOSUL.

[100] Nestes dois anos entre a publicação da primeira MP e a sua conversão em Lei, o programa foi alvo de articulação não só no Congresso Nacional, mas de questionamento junto à OMC, sobretudo em relação ao regime de cotas estabelecido e de acordos celebrados com o Governo argentino. Neste meio tempo, vários Decretos foram publicados, regulamentando as Medidas provisórias editadas. O número de algumas Medidas Provisórias e respectivos Decretos podem ser verificados em tabela publicada no artigo de De Negri (1999, p. 216).

Além da proporção, previu-se a possibilidade de o Ministério da Indústria e Comércio estabelecer limites à importação de bens de capital e insumos pelos agentes beneficiários. Neste sentido, o Decreto n. 2.072/1997 estabeleceu um *índice médio de nacionalização*[101] anual para empresas beneficiárias que utilizassem insumos importados na produção – índice que variava de 50% a 60%, a depender do período e da categoria de veículos fabricados pelo agente (art. 11, §§2º a 4º do Decreto). A intenção destas regras era a de evitar a concentração de importação que prejudicasse a produção nacional – de modo que limites adicionais poderiam ser estabelecidos caso isso ocorresse.

Os objetivos do programa, conforme indicado na Exposição de Motivos n. 222/1995, eram redução dos custos de produção doméstica, aumento de investimentos, expansão das exportações do setor, melhoria do balanço de pagamentos nacional a médio e longo prazo, e aumento da eficiência e competitividade da economia.

Paralelamente a este regime geral, no mesmo dia 13 de fevereiro de 1997 foi publicada a Medida Provisória n. 1532-2, que estabeleceu também um programa de incentivo fiscal ao setor automotivo, mas voltado ao desenvolvimento regional. Daí porque o programa foi denominado de Regime Automotivo *Regional* ou *Especial*, convertido na Lei n. 9.440/1997[102] e regulamentado pelo Dec. n. 2.179/1997.

[101] Segundo o art. 2º, XI, do Decreto 2.072/1997, o índice era calculado a partir da proporção entre o valor dos "Insumos" produzidos no País e a soma dos "Insumos" produzidos no País com o valor FOB das importações de "Insumos", deduzidos os impostos e o valor das importações realizadas sob o regime de *drawback*, utilizados na produção global de cada beneficiário, em cada ano calendário. De acordo com o art. 11, § 1º, os Insumos procedentes e originários dos países membros do MERCOSUL, cujos valores fossem compensados com exportações, seriam considerados produzidos no País para efeito de apuração do "Índice Médio de Nacionalização".

[102] No mesmo dia 13.2.1997 foi publicada a Medida Provisória n. 1536-22, que em síntese continha os mesmos benefícios fiscais contidos na MP 1532-2 relativos ao imposto de importação, mas sem enfoque ao desenvolvimento regional, e sim a toda e qualquer montadora e fabricante de autopeças do setor automotivo que preenchesse as condições lá indicadas. Esta MP que reduzia o imposto de importação ao setor foi convertida na Lei n. 9.449/1997. Os critérios e estrutura dos benefícios eram basicamente os mesmos previstos na MP 1532-2, inclusive a possibilidade de se estabelecer proporções, índices de nacionalização de bens, investimento em pesquisa e inovação tecnológica, tendo como um dos únicos diferenciais a previsão de benefício decorrente de depreciação acelerada do custo de aquisição ou construção de equipamentos e maquinários utilizados no processo industrial.

Segundo consta da Exposição de Motivos[103], este programa especial visava a atrair a instalação de indústrias automotivas nas regiões Norte, Nordeste e Centro-Oeste (neutralizando as *desvantagens naturais* lá existentes), e, a partir da descentralização industrial, aumentar a oferta de emprego naquelas localizações.

Os agentes fomentados por este programa eram exclusivamente montadoras e fabricantes de autopeças instaladas ou que viessem a se instalar nas referidas regiões (art. 1°, §1°, da MP), e que fossem habilitados até março de 1997 no caso de montadoras, e março de 1998 para fabricantes de autopeças. O programa vigorava em paralelo ao Regime Automotivo Geral, de modo que os beneficiários deste regime poderiam migrar para o Regime Especial, caso mudassem suas instalações para uma das regiões beneficiadas.

Além da localização, eram exigidos dos agentes fomentados os mesmos requisitos de habilitação que constavam do Regime Geral: regularidade fiscal junto à Receita Federal e comprovação, para redução de imposto de importação pelas fabricantes de autopeças, de que mais de 50% do seu faturamento líquido anual decorria da venda de produtos destinados à montagem e fabricação de veículos automotivos e ao mercado de reposição de autopeças. No caso de novas fabricantes instaladas no País, sem histórico de faturamento, esta comprovação se daria até o final do primeiro ano de operação.

Em março de 1997, ato conjunto do Ministro da Fazenda e da Indústria e Comércio (Portaria Interministerial n. 37) regulamentou o processo de habilitação deste regime. Estabeleceu-se que o requerimento deveria ser dirigido à Secretaria de Política Industrial (SPI), acompanhado de justificativa para concessão do benefício, descrevendo-se pormenorizadamente o programa de investimentos. Aprovado o programa pelo Secretário, o certificado valeria por 12 meses (prorrogável anualmente). O pedido deveria ser instruído também com informações societárias e operacionais da empresa, e trimestralmente o beneficiário deveria

[103] Disponível em: <http://www2.camara.leg.br/legin/fed/medpro/1996/medidaprovisoria-1532-18-dezembro-1996-370118-exposicaodemotivos-pe.pdf>. Acesso em: 01 nov. 2017.

apresentar à Secretaria relatório sobre a execução do seu programa de investimento.

Os incentivos fiscais oferecidos por meio deste regime regional eram mais amplos que o geral, e previam redução ainda maior do imposto de importação aos agentes fomentados. Eram eles: a) redução de *imposto de importação* (de 100% para bens de capital que compusessem o ativo permanente do beneficiário e que fossem utilizados no processo produtivo, de 90% sobre insumos usados no processo produtivo, e de 50% para importação de alguns tipos de veículos automotores); b) redução de 50% do *Imposto sobre Produtos Industrializados (IPI)* para aquisição de bens de capital, e redução de 45% na aquisição de insumos; c) isenção de *IOF* nas operações de câmbio para pagamento de importação; d) isenção de *adicional ao frete* para renovação da Marinha Mercante; e) *crédito presumido do IPI*, para ressarcir o valor das contribuições referentes ao PIS, PASEP e COFINS que incidiram sobre o faturamento das empresas beneficiárias (o crédito correspondia ao dobro das referidas contribuições); e f) isenção de *imposto sobre a renda e adicionais*, cujo valor que deixasse de ser pago não poderia ser distribuído como dividendo, constituindo reserva de capital a ser utilizado para absorção de prejuízos ou aumento de capital social do agente fomentado.

Diferentemente do Regime Geral, o Regime Regional, como o próprio nome sugere, tinha como objetivo incrementar as exportações de veículos no Brasil e atrair investimentos para *as regiões beneficiadas* – e não estimular a importação a partir da redução de alíquota deste tributo. Daí porque se previu a possibilidade de o Ministério da Indústria e Comércio estabelecer limites à importação de bens de capital e insumos, e de o Executivo fixar índices médios de nacionalização para as beneficiárias que utilizassem insumos importados na produção. No Regime Especial, o índice variava entre 50% e 70%, a depender do período e da categoria de veículos fabricados pelo beneficiário (art. 12, §§2º a 4º do Decreto n. 2.179/1997).

Também no regime especial foram estabelecidas, como contrapartida aos agentes fomentados, proporções a serem observadas entre o valor das importações dos insumos e o das suas exportações líquidas; ou entre o valor de aquisição de cada insumo e bem de capital produzido no País e o total da importação destes itens. Estas regras não se aplicariam a empresas signatárias de compromissos especiais de exportação até seu encerramento, e não revogariam as regras de comércio realizado no âmbito do MERCOSUL.

Os benefícios do Regime Regional (exceto os relativos a imposto de importação) poderiam ser estendidos pelo Executivo até final de 2010, mesmo após o fim da vigência do programa em 1999 (o que não se passou com os benefícios do Regime Geral). Além disso, em 2010 foi publicada a Lei n. 12.218 mantendo, até final de 2015, o incentivo fiscal decorrente de crédito presumido de IPI. Segundo esta lei, as empresas beneficiárias do programa poderiam apurar crédito presumido do IPI como ressarcimento das contribuições de PIS/PASEP e COFINS, entre 2011 e 2015, no montante devido mensalmente, mas multiplicado por índices anuais decrescentes de 2 até 1,5.

Diferentemente das regras vigentes até 2010, a partir desse ano passou-se a exigir dos beneficiários, como contrapartida à concessão de crédito do IPI, a realização de investimentos em pesquisa, desenvolvimento e inovação tecnológica na região, inclusive na área de engenharia automotiva. O investimento deveria corresponder a no mínimo 10% do crédito presumido apurado (art.11-A, §4). Já em 2011, a Lei n. 12.407 passou a exigir ainda a apresentação ao Ministério da Ciência e Tecnologia de projetos que contemplassem novos investimentos e pesquisas para desenvolvimento de novos produtos ou modelos de produtos existentes.

Tanto quanto no Regime Geral, a não observância das condições e contraprestações previstas nas regras do programa (como proporções, índices de nacionalização, investimentos em pesquisa, desenvolvimento e inovação) implicaria a perda do benefício (arts. 1º, §12 e 11-A, §5º, da Lei 12.407/2011), bem como a obrigação de recolher os tributos objeto dos incentivos, acrescidos de multa e juros moratórios.

Estas eram as linhas gerais dos programas do Regime Automotivo. Entre junho de 1995 (data da primeira Medida Provisória sobre o tema) e 2012 (quando instituído o Inovar-Auto) diversos atos normativos foram publicados, alterando, sobretudo, as alíquotas dos incentivos tributários concedidos.

Isso se deu inclusive porque o programa foi objeto de questionamento por Argentina, Japão e Estados Unidos na Organização Mundial de Comércio, por violar normas de comércio internacional relativas à vedação de estabelecimento de limites para uso de produtos estrangeiros, ou necessidade de aquisição de volume ou proporção de produtos nacionais[104].

Em relação à Argentina, este impasse foi resolvido em janeiro de 1996 por meio de acordo firmado entre os países, reconhecendo mutuamente os regimes automotivos nacionais até 1999. Já em relação ao Japão e Estados-Unidos, parte do litígio foi solucionado em 1996 por meio do Decreto n. 1.987, instituindo uma cota tarifária para importação de 50 mil veículos procedentes destes países, sem agravamento dos custos de importação. Em 1998, por meio do Decreto n. 2.638, o conflito foi definitivamente solucionado a partir de memorando de entendimento assinado entre EUA e Brasil, alterando a proporção entre importações e exportações de carros e componentes, e antecipando a data-limite de adesão ao regime até 1998.

Segundo apontado em Auditoria do Tribunal de Contas da União, entre 1996 e 1998 foram 165 empresas habilitadas no programa, sendo 15 montadoras e as demais fabricantes de autopeças[105]. No mesmo período, o volume de importações ainda seria superior ao de exportações (déficit de US$ 3 bilhões), mas em ritmo decrescente desde os anos de 94 e 95. As montadoras teriam sido responsáveis por 60% das exportações e 75% das importações de veículos.

Nada obstante, de acordo com Schapiro (a partir de dados divulgados pela ANFAVEA), em 2008 o setor voltaria a enfrentar problemas de competitividade, com déficit comercial ainda maior nos quatro anos seguintes – mesmo com diversas políticas anticíclicas para o setor instituídas no período pós crise de 2008[106].

[104] Para uma síntese sobre o embate ocorrido no âmbito da Organização Mundial de Comércio em relação ao Regime Automotivo, vide De Negri (1999, p. 218-219); Schapiro (2017, p. 446); e Zauli (2010, p. 84-87).

[105] Item 2.1.1 do relatório do Acórdão n. 571/2000, Processo n. 005.875/1999-4.

[106] A respeito destas políticas entre os anos de 2008 e 2011 para o setor automotivo, vide acompanhamento realizado pelo TCU, Processo n. 20.911/2013-0, Acórdão n. 713/2014-Plenário, Relator Min. Raimundo Carreiro, sessão de 23 de março de 2014.

Ainda entre 1996 e 1997, o índice de nacionalização, na prática, teria sido de 81% (acima do exigido pelo regime automotivo); e a proporção entre bens de capital nacional e importados teria ficado 45% acima do mínimo previsto, utilizando-se apenas 49,8% do limite de insumos importados com benefícios. Segundo De Negri, estes dados revelam que a medida efetivamente restritiva em termos de comércio internacional foi a vinculação das importações ao desempenho exportador das firmas, e não as regras de conteúdo local[107].

Quanto ao cumprimento de metas de investimento, ainda de acordo com De Negri, o único indicador passível de acompanhamento seria o de bens de capital. Neste caso, até 1997 as empresas beneficiárias teriam cumprido 27% da meta de compra de bens de capital nacional a ser atingida até 1999; e 43% em relação a investimento em bens de capital importados. De modo geral, os investimentos feitos pelos agentes fomentados (tanto em inversões em capital fixo, como em capital de giro) decorreram de recursos próprios (75%). E grande parte destes investimentos foram feitos pelas montadoras já instaladas no Brasil – como forma de manter posição diante dos novos entrantes. Segundo o TCU, para cada dólar de imposto relevado, investiu-se em bens de capital US$6,08[108].

Em termos de desconcentração regional, houve maior participação dos demais estados além de São Paulo e Minas Gerais (em que se concentravam empresas), mas o volume de investimentos realizado em 1996 e a ser feito até 2001 ainda indicava destinação significativa à região Sul[109], e não às regiões que teriam sido fomentadas pelo Regime Regional. Isso se deu, sobretudo, por conta dos incentivos estaduais concedidos pelos estados do Sul como reação ao Regime Regional, instalando uma guerra fiscal para atrair investimento[110].

107 (DE NEGRI, 1999, p. 221-223).

108 Vide item 3 do Voto do Acórdão n. 571/2000, Processo de Auditoria n. 005.875/1999-4, rel. Min. Marcos Bemquerer.

109 Os números podem ser verificados em Calandro (2000, p. 130).

110 De acordo com Lima (2016, p. 39), mesmo com o RAR São Paulo continuou recebendo o maior montante de investimentos no setor.

Em relação aos resultados do programa, segundo Lima, a produção, o faturamento líquido e o volume de investimentos teriam sido negativos no período de implementação do RAB, de 96 a 99. Quanto ao aumento da produção, ainda que nos anos 90 a taxa de crescimento tenha sido de 4,1%, entre 1996 e 1999 foi de -24,8% – o que, de acordo com Lima, revela o não cumprimento da meta do RAB de aumentar a produção de autoveículos de 1,8 milhão para 2,5 milhão até 2000[111].

Em parte isso teria ocorrido, segundo o autor, como efeito das crises internacionais que marcaram o final da década de 90, que impactaram também no faturamento líquido do setor (de -39,6% entre 1996 e 1999), especialmente considerando que o mercado interno sempre teve participação de aproximadamente 80% do volume de vendas do setor automotivo. Contudo, as crises a partir de 1998 não justificariam, para Lima, a redução de investimentos já em 1997 – os quais, aliás, tendem a ser feitos na matriz, o que não teria sido objeto de atenção pela política de incentivos.

O custo fiscal do RAB não foi inexpressivo. Segundo Calandro, no primeiro semestre de 1997 o valor das renúncias de receita com Imposto de Importação e IPI alcançou dois terços do que teria sido arrecadado sem o programa de incentivos[112]. E, diferentemente dos acordos da Câmara Setorial que antecederam a política, na sua vigência não ocorreu um aumento da base tributária que compensasse a redução das alíquotas.

[111] O autor utiliza dados divulgados pela Anfavea. Mas, a partir de dados da macroeconomia, justifica porque o setor teria sido prejudicado no período entre 1994 e 1999, em que a política de contenção da inflação, com altas taxas de juros, não teria favorecido um crescimento sustentável, com contenção de investimentos públicos. O desenvolvimento dos fabricantes de autopeças seguiu o das montadoras, já que há uma relação de dependência daquele com estas. (LIMA, 2016). De acordo como anuário da Anfavea de 1999, entre 1993 e 1997 a indústria automotiva aumentou significativamente a sua produção, impulsionada sobretudo pelo mercado interno. Mas isso não se deu apenas em virtude do programa de estímulo ao setor, mas também por efeito do Plano de Estabilização Econômica do Governo que ampliou o poder de compra dos consumidores (aliado à fabricação de produtos mais adequados a renda dos brasileiros). Tanto é que com os efeitos macroeconômicos severos no País após a crise asiática em 1997, consumo e produção sofreram retração (com queda de 23% de 1997 para 1998 na produção). O que se manteve em 1999 com a crise cambial e levou os agentes do setor a fazer pressão no Governo para nova concessão e benefícios além dos já previstos na política (CARTA DA ANFAVEA, 2000 *apud* CALANDRO, 2000, p. 131).

[112] (CALANDRO, 2000, p. 124).

Além disso, as restrições impostas pela OMC e pelo Congresso Nacional ao formato original do programa teriam ampliado o custo fiscal total da política instituída. Entre 1996 e 1998, o montante da renúncia de receita por conta da política de fomento ao setor automotivo teria alcançado o montante de US$1.883.451.762,00.

Outro efeito da política, segundo Calandro, foi a assimetria entre indústria fabricante de peças e montadoras, em desfavor daquelas – sobretudo por conta do modo de produção no setor a partir da década de 90. Para se adaptar às montadoras e à pressão da concorrência, várias fabricantes fecharam, concentrando-se as operações em *joint ventures* ou em empresas de maior porte. O que era de se esperar já que a alíquota de importação de veículos prontos era de 70%, e muito inferiores para as peças e componentes. Neste sentido, segundo Bedê, a proteção efetiva para empresas de autopeças no Brasil de 1991 a 1995 foi significativamente menor do que para montadoras[113].

À luz da descrição do RAB e das considerações acima em termos de resultado, passa-se à análise crítica do seu procedimento.

2.2.2 Considerações acerca do planejamento do Regime Automotivo

Planejar não é apenas desenhar um programa de fomento financeiro para beneficiar agentes de um ou mais setores econômicos. Afinal, o programa será implementado em uma conjuntura que deve ser considerada, em vista da interdependência dos aspectos socioeconômicos. Se geralmente o fomento é considerado instrumento de transformação da economia, ou meio para viabilizar o desenvolvimento sustentável de um setor, o primeiro elemento fundamental no seu planejamento é a coordenação com medidas e metas macroeconômicas. É isso que assegurará que uma política de fomento não seja anulada por outras formas de atuação do Estado na economia, e que não sirva de mero socorro

[113] Este índice de proteção efetiva, segundo Bedê (1996, f. 75), mede o excesso do valor adicionado interno permitido por uma política comercial frente ao valor adicionado de livre comércio.

conjuntural ou suporte financeiro pontual a atividade que não se mantém sem recurso público.

Eis a primeira crítica que pode ser feita ao RAB: uma política de incentivo à exportação, mas em contexto macroeconômico desfavorável ao produto nacional, com valorização do câmbio e altas taxas de juros para conter a inflação, que deixam seu preço pouco competitivo. Nesta perspectiva, parece ter havido um contrassenso na atuação da Administração Pública Federal – a menos que se admita que o programa era apenas um alívio conjuntural, pautado por pressão política ou dos agentes econômicos do setor em face de uma economia a ele desfavorável. Mas enquanto medida de indução de desenvolvimento setorial, mesmo sendo instituída com o propósito de, durante mais de quatro anos consolidar uma indústria competitiva, o RAB foi na contramão da política macroeconômica do governo à época, o que desde o início enfraquecia o potencial da política para alcançar os resultados esperados.

Isso (somado às crises internacionais do final da década de 90) pode explicar porque os objetivos pretendidos não foram verificados após a implementação do Regime Automotivo em termos de produção, faturamento líquido e volume de investimento. Em contexto macroeconômico desfavorável à exportação, era de se esperar que, quando muito, a medida apenas impedisse resultados ainda piores do setor.

Questiona-se, então, se de fato o Regime Automotivo foi uma política pública de fomento transformadora, como se propunha a ser. Segundo Schapiro, ao analisar o Regime, vê-se que "a combinação de um ativismo estatal permanente com a sequência de momentos de crise e esgotamento do setor automotivo permite questionar se as medidas indutoras têm sido efetivas para fomentar a consolidação de uma indústria competitiva, capaz de prescindir de apoio público"[114]. Nada obstante o propósito formalmente indicado pelo Poder Público ter sido este, a estrutura do programa de fomento o caracterizaria mais como conjunto de *ações pontuais* e por vezes *erráticas*, com objetivo de suprir

[114] Acórdão n. 571/2000, Processo de Auditoria n. 5.875/1999-4, rel. Min. Marcos Bemquerer, item 2.1.6, disponível em: <https://contas.tcu.gov.br/pesquisaJurisprudencia/#/detalhamento/11/587519994.PROC/%2520/DTRELEVANCIA%2520desc%252C%2520NUMACORDAOINT%2520desc/false/3/false>. Acesso em: 10 nov. 2017.

deficiências sistêmicas do setor econômico[115]. E isso está associado, em alguma medida, à ausência de coordenação do programa de fomento com a política macroeconômica.

A ausência de coordenação com a política macroeconômica no Regime Automotivo é reforçada também na medida em que, paralelamente ao RAB, a própria Administração Pública federal implementou outras formas de auxílio que incrementariam os gastos públicos direcionados ao setor – o que não era de se esperar na vigência de programa com renúncia de receita significativa. Neste sentido, ainda na vigência do Regime Automotivo, para tentar conter a queda acentuada de produção e evitar demissões, o Governo concedeu outra redução da alíquota do IPI ao setor. Mas a medida visava, na verdade, a reverter o efeito de majoração do tributo implementada em novembro de 1997, por conta de ajuste fiscal. É dizer, aumentou-se a alíquota do IPI para fazer este ajuste fiscal, e meses depois ela foi reduzida para favorecer setor específico (que, antes disso, já era objeto de política de fomento). O fato revela ou uma falha na política anteriormente instituída, ou na coordenação pelo Estado da economia como um todo.

Ainda neste sentido, também durante a vigência do RAB foi firmado, em fevereiro de 1999, o chamado Acordo Emergencial, para tentar minimizar os efeitos da crise cambial de 1999 no setor automotivo. Esse acordo deveria vigorar por 60 dias, mas foi renovado diversas vezes, em paralelo às medidas de fomento que já estavam em vigor no âmbito do Regime Automotivo. Ele concedeu novos incentivos às empresas e reduziu mais uma vez a alíquota do IPI para fabricantes de veículos, por meio de Decreto que alterou a Tabela do imposto – TIPI. Contudo, não impediu a queda na produção – que retornou ao patamar de 1995. Com capacidade produtiva maior em decorrência dos investimentos feitos, isso ainda aumentou nesse período a capacidade ociosa das empresas do setor (40% aproximadamente)[116].

O fato acentua a percepção de falta de coordenação de políticas, e de que o Regime Automotivo teve propósito *conjuntural*, não atingindo

[115] (SCHAPIRO, 2017, p. 453).

[116] (VILARDAGA, 2000, p. B-15 *apud* CALANDRO, 2000, p. 132).

como resultado a robustez do setor para contenção de crises supervenientes (se assim o fosse, não haveria necessidade de ajudas financeiras serem instituídas).

Outro aspecto questionável do planejamento do Regime Automotivo, que também pode explicar os baixos resultados indicados no item 2.2.1, é a sua pouca abrangência no que respeita aos demais aspectos que influenciam o desenvolvimento do setor.

Segundo Lima, para que seja de fato uma política de fomento industrial, é necessário que o programa seja acompanhado de políticas públicas complementares, como qualificação profissional de pessoal, obras de infraestrutura, programas de desenvolvimento científico e tecnológico, entre outros. Se assim se passasse, para o autor, as medidas de fomento deveriam ser capazes de assegurar alguma dinâmica mesmo diante das crises econômicas – lembre-se que o setor automotivo foi um dos poucos que teve estímulos estatais constantes associados, ainda, a algum grau de protecionismo desde a década de 90.

Nada obstante, isso não ocorreu quando da implementação do Regime Automotivo. Segundo Pinheiro e Motta, o regime não apresentou "a característica de coordenação sistêmica que articula e coordena demais setores, as demais regiões e os demais níveis de governo necessários para assegurar a efetividade, eficiência e eficácia das iniciativas governamentais". De acordo com Zauli, nada obstante ter como meta a geração de empregos no setor, o RAB em nenhum momento condicionou os incentivos à manutenção ou criação de emprego por parte das empresas fomentadas. Pelo contrário, mesmo implicando aumento de preços e da margem de lucratividade destes agentes, não houve qualquer transferência de benefícios para os trabalhadores da indústria[117].

Ademais, se é verdade que, na vigência do Regime Automotivo, o setor foi reestruturado, com aumento de demanda, modernização de plantas e atração de empresas estrangeiras (com ganhos de competitividade), por outro lado não teve o efeito transformador esperado, em grande medida por desconsiderar a necessidade de internalização de pesquisa e desenvolvimento – P&D, melhor forma de retorno em um

[117] (ZAULI, 2010, p. 82-83).

setor no qual as montadoras não são nacionais e o setor de autopeças foi desnacionalizado após a década de 90[118]. Esta ausência de articulação da política com projetos de longo prazo, que promovessem transformações relevantes no setor, passa necessariamente por medidas que internalizem o desenvolvimento de P&D, bem como de ciência e tecnologia, pois a tendência das empresas estrangeiras continua sendo investir nestas áreas na matriz[119]. Mas, só a partir de 2010, com a ampliação da vigência de benefício específico do RAB por mais cinco anos, é que o programa passou a exigir como contrapartida investimentos em pesquisa e desenvolvimento, sem maiores preocupações com os detalhes destes investimentos.

Outro elemento fundamental no planejamento de políticas de fomento que não foi considerado pelo Regime Automotivo diz respeito à coordenação com as políticas de incentivo municipais e estaduais que pudessem interferir nos resultados do programa – seja para somar esforços, seja para evitar divergências que majorassem seus custos.

Um dos efeitos do Regime Automotivo foi a guerra fiscal promovida pelos estados do Sul e Sudeste, como reação aos incentivos federais. Ou seja, por ausência de coordenação entre as esferas da federação, houve dispêndio de recursos federais para estimular a descentralização das indústrias do setor, anulada em parte por incentivos estaduais (com gasto ainda maior de recursos públicos) para manter ou atrair empresas do setor para regiões não fomentadas pelo programa federal. Duas

[118] Aliás, note-se que só com a alteração legislativa de 2010 (Lei n. 12.218), quando da prorrogação do benefício relativo ao crédito presumido de IPI até 2015, é que se passou a exigir como contrapartida a realização de investimento em P&D e inovação tecnológica na região, no âmbito de regime regional, correspondente a 10% do crédito apurado (art. 11-A, §4º).

[119] Neste ponto, vale a citação do autor: "A atração de novas empresas para o setor e os estímulos dados para ampliar a produção para atender o mercado interno e a maior internacionalização através de uma inserção externa para mais mercados, se não articulada com uma mudança nas estratégias das empresas em internalizar o desenvolvimento de P&D e C&T, continua deixando o setor vulnerável e incompleto na medida em que, apesar da tendência recente de aumento dos gastos em pesquisa e desenvolvimento (P&D) fora das matrizes, inclusive nas subsidiárias dos países em desenvolvimento, grande parte dessas atividades e dos registros de patentes mantém-se fortemente concentrada nas matrizes e nas subsidiárias dos países desenvolvidos. No Brasil, isso se torna mais problemático quando observamos que no país não existem montadoras nacionais e o setor de autopeças foi amplamente desnacionalizado". (LIMA, 2016, p. 43).

políticas, pautadas por instrumentos de fomento financeiro, mas com objetivos opostos. O resultado disso foi que se manteve a concentração de investimentos no setor nas regiões Sul e Sudeste mesmo após o Regime Automotivo, ainda que com algum grau de descentralização de investimentos[120].

Para além da coordenação com políticas macroeconômicas, políticas setoriais e de outras esferas de Governo, é necessário que na etapa de planejamento o Poder Público paute-se por análise de dados que permitam fazer um diagnóstico do setor que se pretende fomentar, suas principais características, estrutura, agentes e modo de produção. Esta análise fundamentará as escolhas feitas pela Administração Pública, e pode ser tanto retrospectiva, sobretudo em relação ao resultado de programas anteriormente implementados, quanto prospectiva, verificando-se o potencial do setor de ainda alcançar as metas pretendidas.

Quanto à análise retrospectiva, estudos técnicos do Regime Automotivo permitem concluir que não houve motivação quanto ao setor escolhido. A Exposição de Motivos do regime automotivo (elaborada em duas laudas) não trazia análise setorial, nem indicava as características do setor que justificasse as medidas fiscais lá previstas. E por isso parece ter desconsiderado aspecto fundamental, segundo Lima, que, inclusive, coloca em xeque a escolha do setor fomentado: a globalização e a reestruturação da produção através das *cadeias globais de valor* – CGV do setor automotivo.

Este fenômeno, que teria alterado o modelo produtivo do setor, implicou a separação geográfica das atividades que compõem a sua produção, em dois ou mais países. Isso causou, por um lado, a interdependência entre as economias, que dificulta medidas de proteção à indústria doméstica (sobretudo em face das normas de comércio exterior). Por outro, fez com que o centro decisório e estratégico do setor automotivo, oligopolizado por multinacionais e empresas estrangeiras, ficasse fora dos limites nacionais. Este fato, segundo Pinheiro e Motta, fragilizou o Regime Automotivo (e qualquer política de fomento industrial

[120] Sobre aspectos positivos em termos de descentralização regional das indústrias, mas ainda pontuando os problemas de coordenação de políticas entre as esferas da federação, vide Zauli (2010, p. 82).

protecionista). Até porque, quanto mais globalizada a produção em determinado setor, mais restritas são as regras de comércio internacional que dificultam medidas de proteção à indústria doméstica.

Daí porque, nada obstante as vantagens oferecidas, boa parte dos investimentos (em P&D, por exemplo) pelas empresas fomentadas continuaram sendo direcionados à matriz, e não às fábricas brasileiras, não gerando o efeito de avanço em ciência e tecnologia que se esperava das empresas fomentadas por consequência à atração de capital estrangeiro. Uma análise retrospectiva do setor teria permitido que o Governo mitigasse o risco de insucesso da política neste sentido, inclusive quanto aos questionamentos de medidas junto à OMC, por desrespeito às regras de comércio internacional.[121]

Outro aspecto crítico em relação ao planejamento do Regime Automotivo foi a ausência de análise de dados retrospectiva, que justificasse o período de vigência do programa. Segundo estudo do IPEA, o desenvolvimento de novos produtos no setor automotivo consiste em projeto de 3 ou 4 anos, que pode ser dividido em quatro etapas[122]. Informações como esta podem servir de base para se planejar a duração mínima de políticas de fomento, ou quando menos do prazo para acompanhamento de resultados, quando da estruturação do programa. Se o desenvolvimento de novos produtos é meta da política de fomento, e se estudos indicam que isso leva ao menos três anos, de nada adianta estabelecer incentivos financeiros por um prazo de dois anos, por exemplo.

Mas no Regime Automotivo não houve qualquer justificativa do prazo para vigência das medidas – que aliás, foi previsto inicialmente para viger por quatro anos e depois estendido em parte para quatorze e, após, mais dezenove anos. O dado reforça o problema de planejamento.

[121] Veja que o regime automotivo foi criticado pela Argentina (maior parceiro comercial do Brasil no setor), pelos Estado Unidos, pela União Europeia, pelo Japão e pela Coreia do Sul – o que inclusive implicou mudanças significativas na estrutura do programa, tornando-o mais custoso do que planejado inicialmente. Sobre os questionamentos do regime automotivo junto à OMC, vide Zauli (2010, p. 82-87). Para uma síntese das regras de comércio internacional do *General Agreement on Tariffs and Trade* (GATT), com foco no tema do fomento industrial e na concorrência, vide Klein (2003, p. 17-18);

[122] As etapas seriam definição do conceito do produto; planejamento do produto; engenharia do produto e engenharia do processo. (DE NEGRI et al., 2011, p. 349-350).

Ainda em relação à análise prospectiva de dados, é fundamental também para que não se estabeleçam objetivos contraditórios entre si ou com o próprio setor escolhido. De acordo com a auditoria realizada no Regime Automotivo pelo TCU, por exemplo, a escolha do setor automotivo como objeto de fomento financeiro não se fundamentaria do ponto de vista da geração de empregos[123]. Estudo do BNDES teria demonstrado que outros setores possuiriam maior potencial para geração de empregos a partir de um mesmo volume de investimentos públicos, como o de vestuário, indústria de laticínios, agropecuária. O que era de se esperar na medida em que o setor automotivo tende a ter um volume de mão-de-obra cada vez menor, em vista de investimentos tecnológicos. Aliás, qualquer incentivo ao setor que pretenda ampliar a oferta de empregos, mas também atrair inovação tecnológica tende a não ser bem-sucedido em pelo menos um destes dois aspectos, já que *prima facie* contraditórios – a menos que se fomente o investimento em capacitação da mão-de-obra, com mudança qualitativa dos empregos gerados. Mas não foi o caso do RAB.

Se os dados e diagnósticos do setor são relevantes no planejamento das políticas públicas, é importante que nesta etapa o Poder Público conte com o suporte técnico de entidades privadas e públicas que auxiliem na coleta e análise dos dados socioeconômicos, como o Instituto de Pesquisa Econômica Aplicada (IPEA), o Instituto Brasileiro de geografia e estatística (IBGE), a associação nacional dos fabricantes de veículos – ANFAVEA (no caso do setor automotivo). É importante que suas análises sejam consideradas pela Administração Pública quando do planejamento de Políticas de fomento. E mais, que isso conste – por questões de transparência – dos Planos que o embasem.

Contudo, as Exposições de Motivos das Medidas Provisórias que instituíram o Regime Automotivo Geral e Regional em nenhum momento cumpriram este requisito. Aliás, a ABDI – Associação Brasileira de Desenvolvimento Industrial, como ponto de apoio do Governo federal

[123] Acórdão n. 571/2000, Processo de Auditoria n. 5.875/1999-4, rel. Min. Marcos Bemquerer, item 2.1.6, disponível em: <https://contas.tcu.gov.br/pesquisaJurisprudencia/#/detalhamento/11/587519994.PROC/%2520/DTRELEVANCIA%2520desc%252C%2520NUMACORDAOINT%2520desc/false/3/false>. Acesso em 10 nov. 2017.

no desenvolvimento de políticas públicas, só foi criada em 2004 – o que se justifica em grande medida pela contrariedade dos Governos anteriores à implementação de políticas industriais.

A ausência de diagnóstico técnico do setor prejudica o planejamento de políticas de fomento, pois em grande medida políticas desta natureza são baseadas em método de "tentativa e erro". Se não se analisam previamente os pontos fortes e fracos de medidas de estímulo anteriores, não será possível concluir pelo erro ou acerto dos incentivos que se pretende criar, manter ou interromper. Segundo Toni, em matéria de fomento e políticas industriais, "A capacidade de aprendizagem, de sistematizar a reflexão crítica e manter um ambiente sadio de debates sobre os erros e sucessos, na iniciativa pública e na iniciativa privada, seriam valores fundamentais"[124]. Considerações desta natureza, contudo, não foram feitas na fundamentação do RAB, que aliás nem sequer indicou dados que embasassem as escolhas administrativas no planejamento do Regime.

2.2.3 Considerações acerca da estruturação das normas

Do ponto de vista da estruturação das suas normas, o primeiro aspecto crítico do Regime Automotivo é o fato de a Medida Provisória que o instituiu ter sido pouco debatida antes da publicação, especialmente com o Legislativo.

Segundo Schapiro, os Acordos da Câmara Setorial entre 1993 e 1995 que antecederam esta política de fomento foram amplamente discutidos antes de implementados, e por conta disso pouco contestados posteriormente[125]. Já o Regime Automotivo, centralizado pelas autoridades da Administração Pública federal, teve como uma das particularidades negativas justamente a incidência do controle exercido pelo Congresso Nacional, que impactou na sua implementação. E mais, restringiu o âmbito das medidas regulatórias inicialmente previstas.

[124] (TONI, 2014).

[125] É verdade que os instrumentos de estímulo previstos nos acordos pareciam ser bem menos abrangentes do que a política de incentivo através do regime automotivo, o que também contribui para uma menor contestação daquelas medidas. (SCHAPIRO, 2017, p. 446).

Sobre o tema, é de se questionar se Medidas Provisórias são o veículo normativo adequado para estruturação de políticas de fomento, utilizada tanto no caso do Regime Automotivo quanto do Inovar-Auto. Se uma das etapas do fomento é o planejamento, e isso pressupõe tempo, estudo, diálogo e reflexão, não parece possível conciliá-lo com o elemento de urgência que é requisito das Medidas Provisórias. Neste sentido, uma política estruturada por meio de MP tende a ser antes um veículo de socorro a agentes de um setor econômico em crise, do que instrumento de transformação e desenvolvimento setorial.

Aliás, em termos de técnica normativa, um agravante na Medida Provisória que instituiu o Regime Automotivo Regional é o fato de nela nem sequer constar o requisito de urgência, possivelmente por considerá-la baseada na Medida Provisória relativa ao Regime Geral. Mas em se tratando de incentivos diversos, com objetivos distintos, os requisitos de relevância e urgência deveriam ser específicos para este programa.

Mais adequado seria o exercício da atividade de fomento por meio de projeto de Lei de iniciativa do Presidente da República, com debate prévio no Legislativo. No caso do Regime Automotivo, isso, inclusive, poderia reduzir o tempo para implementação do programa – afinal, para tanto não basta apenas a conversão da medida em Lei, mas a regulamentação posterior trazendo os detalhes da estruturação. E isto se deu em definitivo apenas com o Dec. n. 2.072/1997, de março de 1997 (a primeira Medida Provisória apresentada – n. 1.024 – era de junho de 1995).

O segundo aspecto crítico estrutural do Regime Automotivo diz respeito à ausência de conexão entre as regras do programa e alguns de seus objetivos. Nenhuma das Medidas Provisórias (e posteriormente as Leis) fez referência a metas de geração de empregos no setor. Conforme aponta a auditoria realizada no Regime Automotivo pelo TCU, "as normas legais obrigam a empresa beneficiária à aquisição de máquinas e equipamentos modernos, mas são silentes quanto à manutenção e ampliação da oferta de postos de trabalho". Fato ainda mais grave na medida em que a política estimulava a aquisição de máquinas, que substituem a mão-de-obra e aumentam o desemprego[126]. Se na Exposição de Motivos o Regime Regional considerava o aumento de empregos como objetivo, isso não se refletiu na sua estruturação, como se se tratasse de efeito natural da realização dos investimentos exigidos como contrapartidas.

E tanto o Regime Automotivo deixou a desejar em termos de contrapartidas para atingimento das metas de aumento de emprego que dados da auditoria realizada pelo TCU confirmaram, com base em informações prestadas diretamente pela amostra de empresas beneficiadas, que o número de empregos diretos nas montadoras entre 1996 e 1999 teria sido reduzido em 21,86%[127]. Tanto é que para corrigir desvio da política, em 1999 a Administração Pública federal, a Associação dos Fabricantes de Veículos – ANFAVEA e os sindicatos (por iniciativa destes) celebraram Acordos Emergenciais prevendo redução de alíquota de IPI por meio de Decreto, para conter o desemprego no setor. Previsto para durar 90 dias, este acordo foi renovado pelo menos três vezes naquele ano.

Medidas desta natureza não apenas reforçam o problema estrutural em relação aos incentivos desenhados na política de fomento (como se fossem remendos à política instituída, ainda que sem relação direta entre elas), como destacam um terceiro aspecto crítico: a dispersão legislativa de medidas de fomento setorial.

Em 1999, o Regime Automotivo ainda vigia por meio das Leis n. 9440/1997 e 9.449/1997, e seus respectivos Decretos, tendo a pretensão de ser a política pública de fomento ao setor. Nada obstante, em 1999 foram celebrados os referidos Acordos Emergenciais, instituindo

[126] Acórdão n. 571/2000, Processo de Auditoria n. 5.875/1999-4, rel. Min. Marcos Bemquerer, item 2.1.6, disponível em: <https://contas.tcu.gov.br/pesquisaJurisprudencia/#/detalhamento/11/587519994.PROC/%2520/DTRELEVANCIA%2520desc%252C%2520NUMACORDAOINT%2520desc/false/3/false>. Acesso em: 10 nov. 2017. No mesmo sentido, Zauli (2010, p. 82). O autor ainda cita que na área fiscal diversos analistas teriam considerado excessivos os incentivos do regime automotivo justamente por não estarem condicionados a níveis de emprego ou por não conter qualquer cláusula relativa à transferência de tecnologia. E ainda, desnecessário, porque os investimentos teriam vindo para o Brasil mesmo sem os incentivos concedidos.

[127] Acórdão n. 571/2000, Processo de Auditoria n. 5.875/1999-4, rel. Min. Marcos Bemquerer, item 2.1.6, disponível em: <https://contas.tcu.gov.br/pesquisaJurisprudencia/#/detalhamento/11/587519994.PROC/%2520/DTRELEVANCIA%2520desc%252C%2520NUMACORDAOINT%2520desc/false/3/false>. Acesso em: 10 nov. 2017.

em paralelo ao RAB novos incentivos. Isso se deu, como de usual, por Decreto[128], alterando-se a Tabela de Incidência do Imposto sobre Produtos industrializados (TIPI) e sem qualquer relação direta com os benefícios do Regime Automotivo, que foram mantidos por meio de instrumentos normativos apartados.

Considerando que isto se deu na vigência de política de fomento ao setor, revela-se ou um problema de planejamento ou de estruturação normativa da política (ou os dois). Por um lado, se a política do RAB fosse bem planejada (com ênfase no objetivo de geração de empregos), não era de se esperar a concessão de incentivos em paralelo. Por outro, a necessidade de incentivos paralelos pode ter decorrido da falha estrutural da política de fomento, que não estabeleceu as contrapartidas necessárias ao atingimento do objetivo. Seja qual for a razão, a dispersão legislativa dificulta o controle de resultados e de volume de recursos a ele destinados – afinal, em que medida os números relativos ao volume de vendas do setor automotivo em 1999 estiveram associados aos incentivos do regime automotivo, ou às reduções de alíquotas contidas nos acordos emergenciais daquele ano?

Aliás, neste sentido a própria estruturação de dois Regimes Automotivos – um geral e um especial –, já torna questionável a política de fomento. Reflexo da ausência de coordenação prévia com o Legislativo[129], o ponto indica que grande parte dos problemas estruturais do Regime Automotivo decorreram de problemas de planejamento.

O quarto aspecto estrutural questionável do RAB, que revela o descompasso entre os objetivos e as regras, refere-se à assimetria que ele

[128] Esta metodologia de concessão de benefícios setoriais pontuais por meio da alteração da legislação do IPI é usual. Entre 1997 e 2001 o número de alterações da TIPI (não só para o setor automotivo) chegou a 34, só não sendo superior porque revogada pelo Decreto n. 3.777, de 2001. As alterações ao Decreto n. 2.092/1996 podem ser verificadas em: <http://www.planalto.gov.br/ccivil_03/decreto/Antigos/D2092.htm#anexo>. Acesso em 09 nov. 1997.

[129] De acordo com Zauli (2010, p. 79), "Em meio às negociações relativas à aprovação da medida provisória do Regime Automotivo, e diante da perspectiva de votação de um projeto de conversão que diminuía os incentivos para as indústrias do setor automotivo instaladas nas regiões Sul e Sudeste, transferindo-se para outras regiões, as bancadas parlamentares dos estados das regiões Norte, Nordeste e Centro-Oeste lograram a aceitação por parte do executivo federal em estabelecer um regime automotivo especial para as indústrias localizadas nos estados daquelas três regiões (medida provisória n. 1532 – 13/03/97).

acentuou entre montadoras e fabricantes de autopeças, nada obstante a política pretender favorecer ambas as indústrias que compõe a cadeia automotiva (art. 1º, §1º, h, da MP 1536-2 e da MP 1532-2, respectivamente regime automotivo geral e regional).

Por conta das novas estratégias de produção do setor (como a chamada *cadeia global de valor*[130]), a partir de 1990 a relação entre montadoras e fabricantes de autopeças mudou significativamente (vide item 2.2.1). Mas este fato não foi levado em conta quando do planejamento da política, o que redundou na estruturação de incentivos que instalaram verdadeira "covardia competitiva"[131], beneficiando fabricantes de autopeças estrangeiras. Isso se deu sobretudo por conta da estrutura de incentivos que reduziu as alíquotas de importação destes itens, somada ao câmbio valorizado e altas taxas de juros impostas aos produtores nacionais, tornando seu preço pouco competitivo.

Se na etapa de planejamento previu-se o fomento ao setor de autopeças, a forma como estruturados os incentivos revelou-se extremamente prejudicial ao setor, a ponto de Zauli caracterizar o RAB como "um caso típico de proteção a um segmento específico da cadeira produtiva do setor automobilístico: a indústria montadora"[132]. Isso em uma cadeia produtiva em que o setor de fabricação de autopeças passou a ser considerado – após a reestruturação do setor e da sua nova estratégia de produção – o *elo mais frágil* da cadeia automotiva.

Houve, pois, verdadeiro descompasso entre os objetivos pretendidos na política e a estrutura normativa dos incentivos do Regime Automotivo Brasileiro.

Por fim, há críticas sobre a ausência de mecanismos, quando da estruturação do programa, que permitissem a transferência para consumidores e trabalhadores da indústria de eventuais benefícios percebidos pelas empresas em caso de êxito do Regime Automotivo. Segundo Zauli, entre 1995 e 1996 a adoção do Regime teria propiciado elevação de 16% no preço dos veículos – por conta da redução de custo de peças,

[130] Descrição técnica sobre as estratégias de produção, incluindo a cadeia global de valor, é encontrada em Zauli (2010).

[131] A expressão é utilizada por Zauli (2010, p. 87).

[132] (ZAULI, 2010, p. 81).

componentes, bens de capital, aumento de produção com redução de mão-de-obra. Mas este proveito teria sido revertido no mero aumento da margem de lucro das montadoras, o que não se coaduna com o exercício de função administrativa que tem no desenvolvimento socioeconômico e na realização de fins públicos o seu fundamento.

2.2.4 Análise da implementação dos incentivos

A partir de informações encontradas, em especial nos relatórios de Auditoria do Tribunal de Contas da União sobre o Regime Automotivo, algumas considerações críticas podem ser feitas a respeito de dificuldades na implementação da política de fomento. O que se pode adiantar é que, em grande medida, as dificuldades de implementação decorreram de problemas de planejamento ou de estruturação normativa da política de fomento.

Primeiramente, o baixo volume de adesão de empresas ao Regime Regional, que teria levado à mudança de prazo de habilitação de montadoras pelo Congresso Nacional, de março para maio de 1997 – até meados daquele mês apenas a Asia Motors havia anunciado a decisão de construir uma fábrica na Bahia[133].

O fato é atribuído ao lapso havido entre a edição da Medida Provisória (em 1995) e sua conversão em Lei pelo Congresso Nacional, em fevereiro de 1997, às vésperas do fim do prazo de habilitação. Foi efeito, portanto, menos de dificuldade na etapa de implementação, e mais de falha de planejamento (como indicado no item 2.1.2), ante a ausência de deliberação prévia entre Executivo e Legislativo que retardou a conversão em Lei.

Mesmo com a ampliação do prazo de adesão, há registro de que nem todas as montadoras com investimentos planejados para o mercado

[133] A informação é trazida por Zauli (2010, p. 80), que ao se referir à ampliação do prazo, indica "A expectativa era de que, com esse novo prazo de adesão, outros estados em processo de negociação com investidores potenciais, particularmente Pernambuco, estado do vice-presidente da República Marco Maciel, tivessem mais tempo para atrair outros investimentos". Para fabricantes de autopeças o prazo de adesão ao regime especial já era, desde a Medida Provisória, mais elastecido (até março de 1998).

nacional aderiram ao Regime Automotivo – foi o caso da Peugeot e da Toyota, por considerarem desvantajosas as contrapartidas exigidas para adesão. No caso da Peugeot, optou-se por trazer peças e carros fabricados na Argentina.

Também no que respeita à implementação da política, o período estabelecido para cumprimento das proporções e do índice médio de nacionalização teria gerado dificuldade e indícios de descumprimento pelas empresas beneficiárias. Segundo o art. 7º, §2º, da Lei n. 9.449/1997, que instituiu o Regime Automotivo Geral, o prazo para cumprimento do índice médio de nacionalização por empresas que viessem a se instalar no País (com linhas de produção novas ou completas com acréscimo de capacidade e fábricas novas de empresas já instaladas) era de três anos. Contudo, em vista do déficit da balança comercial em 1996, o Ministro da Indústria manifestou interesse em auditar as empresas beneficiárias para monitorar seu desempenho comercial. A preocupação era de que as empresas adiassem as exportações para o final do período de três anos, comprometendo o resultado esperado do programa. Manobra que a regra de fato permitia[134].

Não há comprovação de que os casos de adiamento ocorreram por dificuldade das empresas em cumprir a meta de exportação nos primeiros anos do prazo (dificuldade de implementação), ou porque isso traria vantagens econômico-financeiras, com risco de comprometimento da meta ao fim do prazo (descumprimento de dever). Mas, mesmo diante do primeiro cenário, a questão não deixa de estar associada à estruturação do programa, que não previu metodologia de acompanhamento

[134] "Em meados de setembro, a importação sem registro para efeito de compensação de 30 mil veículos pela Ford corroborou a avaliação de que era necessário um acompanhamento minucioso do desempenho comercial das empresas beneficiadas pelo Regime Automotivo. Na esteira desse incidente, em meados de outubro de 1997 a For encaminhou ao governo brasileiro um relatório indicando a previsão de déficit de 10% em sua balança comercial a ser compensado subsequentemente". (ZAULI, 2010, p. 84). Contudo, em alguma medida era natural que em um primeiro momento aumentasse o volume de investimentos, com acréscimo de importações para aquisição de insumos e bens de capital, para posteriormente aumentarem-se as exportações. Por outro lado, o fato de a demanda do setor ser muito concentrada no mercado interno (até por saturação do mercado dos países desenvolvidos), o baixo volume de exportações não significava necessariamente uma performance ruim, mas certamente uma baixa internacionalização das vendas, talvez por problemas na própria característica do consumo do mercado.

de resultados antes do fim dos prazos concedidos. O ponto evidencia algo que já foi demonstrado nos subitens anteriores: a interligação entre as etapas de uma política de fomento (planejamento, estruturação e implementação), seja no êxito, seja no insucesso.

Outra questão que impactou na implementação da política foram as crises financeiras entre o final de 1997 e 1998. Há registro de que a possibilidade de algumas empresas não cumprirem as metas de exportação neste período teria levado o Governo a limitar a aprovação dos pedidos de importação – em até 30% dos investimentos realizados e comprovados[135].

O caso exemplifica, mais uma vez, de que modo durante a etapa de implementação evidenciam-se problemas que, na verdade, têm relação com a estrutura da política, demandando ajustes ou mudanças. Uma etapa de planejamento com deliberação prévia, coordenação de políticas e análise de dados prospectiva e retrospectiva, tende a mitigar problemas de estrutura, da mesma forma que uma estrutura normativa que considere a aprendizagem decorrente de políticas anteriores, a legislação de modo geral e os acordos internacionais firmados, tende a reduzir problemas na etapa de implementação.

No caso do Regime Automotivo Especial isso fica evidente quando, na etapa de implementação, diversas empresas deixaram de se instalar nas regiões fomentadas, porque atraídas por benefícios posteriormente concedidos pelos Estados (sobretudo do Sul)[136]. Neste sentido, em auditoria do Regime Automotivo, o TCU concluiu que não se pode falar em desconcentração industrial após a instalação do Regime, quando muito em menor concentração no estado de São Paulo após 1999. Houvesse medidas de coordenação entre políticas de fomento federais e estaduais na etapa de planejamento, o problema de pouca adesão na fase de implementação do Regime Especial poderia ter sido mitigado.

[135] (ZAULI, 2010, p. 84).

[136] De acordo com Lima (2016, p. 40), apenas Asia, Hyundai e Mitsubishi planejaram investimentos fora do eixo Sul/Sudeste, e a decisão da Ford não poderia ser atribuída ao estímulo do Regime Automotivo.

2.2.5 Aspectos de fiscalização e acompanhamento de resultados

A estrutura normativa do Regime Automotivo contém medidas para possibilitar a fiscalização, pela Administração Pública, do cumprimento das contrapartidas exigidas dos agentes fomentados.

No Regime Regional, em relação aos fabricantes de autopeças, o Decreto n. 2.179/1997 estabeleceu a obrigação de os beneficiários se comprometerem a comprovar, ao final do primeiro ano de operação, que mais de 50% do seu faturamento líquido anual era decorrente de vendas de produtos destinados à montagem e fabricação de itens relacionados ao setor automotivo (art. 3º, §3º).

Por sua vez, a Portaria Interministerial n. 1/1996, art. 3º, III, b, exigiu para habilitação a prestação de informações relativas ao índice médio de nacionalização dos insumos utilizados pela beneficiária na sua produção global, em cada ano calendário (lembrando que a habilitação deveria ser renovada a cada doze meses). A informação deveria ser prestada seguindo um modelo que ia anexo à Portaria. Para verificar o cumprimento das contrapartidas em termos de proporções e índices de nacionalização, a Portaria exigia também a apresentação, até 31 de janeiro de cada ano, de relatório das empresas informando os valores efetivos de exportação, importação e aquisição de produtos no mercado interno.

Em 2010, quando da alteração da Lei n. 9.440/1997 para prorrogar o benefício do crédito presumido de IPI, passou-se a condicionar a habilitação à apresentação de projetos de novos investimentos ou de pesquisa para desenvolvimento de novos produtos ou novos modelos de produtos já existentes (art. 11-B). Além disso, estabeleceu-se como contrapartida ao crédito a realização de investimentos em P&D, que deveriam ser comprovados perante o Ministério da Ciência (art. 11-A, §5º, regulamentado pelo Decreto n. 7.422/2010).

Já no Regime Automotivo Geral, o art. 11 da Lei 9.449/1997 previu que o Executivo estabeleceria os mecanismos de controle necessários à verificação do fiel cumprimento da Lei. Neste sentido, o Decreto n. 2.072/1997 exigiu – para habilitação de fabricantes de autopeças – o mesmo requisito de comprovação de faturamento líquido anual exigido no Regime Geral (art. 3º, §3º).

A Portaria Interministerial n. 3/1997, por sua vez, condicionou a habilitação à apresentação de programa de investimentos pelas empresas (art. 2°, I). Ademais, a cada trimestre calendário elas deveriam apresentar relatório informando a execução do programa, conforme modelo disponibilizado pela Secretaria de Política Industrial do Ministério da Indústria. (art. 4°).

Não há registros em dados oficiais, nos estudos acadêmicos e em decisões de controle externo acerca da inobservância da apresentação dos documentos pelas empresas beneficiárias.

Contudo, verifica-se que a estrutura do programa (tanto geral como regional) limitou as formas de fiscalização à apresentação pelos agentes beneficiários de comprovação do cumprimento dos requisitos e contrapartidas previstos em Lei. Uma fiscalização meramente *passiva*. Não houve indicação de Comissão ou órgão por parte do Poder Público designado para fiscalizar o cumprimento destas medidas[137].

Da mesma forma, não há registro em bancos de dados eletrônicos do Ministério do Desenvolvimento de um balanço feito internamente pela Administração Pública acerca dos resultados alcançados, de eventuais multas aplicadas ou cancelamento de habilitações que permitam um controle público interno da efetividade da política. Estes dois pontos são aspectos críticos do Regime Automotivo em termos de governança – tanto por questão estrutural (não foram previstos mecanismos de fiscalização *ativa*), quanto de acompanhamento e fiscalização – medidas que poderiam ter sido implementadas pela Administração mesmo à revelia de normas específicas, pois decorrentes do exercício da função.

Tanto é assim que *sponte propria,* em 1996, o Ministro da Indústria pediu a realização de auditoria para averiguar e prevenir a eventual manobra de "adiamento" das exportações pelos agentes fomentados (apontada no item 2.2.4). O fato confirma a necessidade de mecanismos

[137] Procedimentos de fiscalização desta natureza já foram considerados um risco pelo TCU por ocasião da análise de políticas de renúncia fiscal. Isso porque "as unidades baseiam suas conclusões técnicas sobre a regularidade da fruição dos benefícios fiscais nos relatórios anuais cujo envio é obrigação das empresas beneficiárias. Ocorre que os relatórios são autodeclaratórios e, em regra, não se exige comprovação dos aspectos legais, físicos, contábeis, financeiros e técnicos neles constantes". Acórdão n. 1905/2014 – Plenário, Processo Relatório de Levantamento RL n. 015.436/2013-6, relator Min. Augusto Sherman, p. 54.

de fiscalização interna durante a execução da política[138], criando formas ativas de controle, bem como a falha estrutural do programa neste ponto.

Institucionalizar medidas ativas de controle durante e após a vigência da política, mesmo antes do término de prazos eventualmente concedidos aos agentes fomentados, permite não apenas averiguar o descumprimento de deveres, aplicando-se as sanções cabíveis, mas também antecipar eventual não atingimento de resultados (por problemas de performance ou até mesmo de má-fé dos agentes fomentados). Neste último caso, muitas vezes é possível evitar a frustração do resultado ou quando menos realizar ajustes na política ainda durante a sua execução, para melhor desempenho.

Foi o caso do limite instituído pelo Poder Público para aprovação de pedidos de importação durante a execução do RAB, em até 30% dos investimentos realizados e comprovados (vide item 2.2.4), para evitar o descumprimento das metas de exportação. O caso exemplifica de que modo, durante a etapa de implementação, evidenciaram-se problemas que, na verdade, tem relação com a estrutura da política, demandando ajustes ou mudanças.

Isso faz parte do processo de tentativa e erro inerente às políticas públicas. Contudo, só levará ao aperfeiçoamento da política se houver acompanhamento ativo por parte do Poder Público, sobretudo do cumprimento das contrapartidas de médio e longo prazo – afinal, não é às vésperas da apresentação do resultado ao Poder Público que problemas ocorridos durante sua execução serão corrigidos.

Neste sentido, o TCU identificou, em auditoria ao RAB, que antes mesmo do final do prazo de cinco anos, a Asia Motors já não tinha mais possibilidade de concluir o projeto da unidade de montagem na Bahia. Este fato poderia ter sido evitado se houvesse acompanhamento

138 "Em meados de setembro, a importação sem registro para efeito de compensação de 30 mil veículos pela Ford corroborou a avaliação de que era necessário um acompanhamento minucioso do desempenho comercial das empresas beneficiadas pelo Regime Automotivo. Na esteira desse incidente, em meados de outubro de 1997 a For encaminhou ao governo brasileiro um relatório indicando a previsão de déficit de 10% em sua balança comercial a ser compensado subsequentemente". (ZAULI, 2010, p. 84).

constante do cronograma da obra e dos investimentos realizados. E a falha não se limitou à ausência de acompanhamento da obra, mas também à aplicação das sanções cabíveis: mesmo após a certeza de que a contrapartida não seria cumprida, quando da auditoria pelo TCU não havia registro de qualquer movimento da Administração Pública para sancionar a empresa[139].

No que respeita a informações sobre acompanhamento da execução do Regime Automotivo, como número de empresas habilitadas, eventuais sanções aplicadas e um balanço dos resultados anuais e final do programa, não foram localizadas (ou não foram divulgadas) no site do Ministério do Desenvolvimento, Indústria e Comércio Exterior – MDIC, a quem cabia a gestão do programa. Os dados acima foram extraídos de decisões do TCU e de estudos acadêmicos sobre o tema.

A auditoria realizada pelo TCU demonstra que teria havido controle interno da política pública, pois consta da decisão que foram apresentados alguns relatórios de acompanhamento pelo MDIC em fase de instrução. Mas os registros parecem ser deficitários, tanto é que, na primeira deliberação, o Tribunal de Contas determinou que o MDIC promovesse levantamento completo dos projetos habilitados no Regime Automotivo, identificando empresas em condição de inadimplência e as providências adotadas em caso de descumprimento[140]. A decisão dá a entender que o levantamento não existia até a sua determinação – ponto crítico em termos de fiscalização.

Mas, partindo da premissa de que algum acompanhamento interno tenha havido, a própria ausência de publicidade pelo Poder Público do resultado da fiscalização interna da política de fomento é questionável. Por ser financiada com recursos públicos, para incentivo de setor específico, seu acompanhamento não só deve ser feito para assegurar em maior medida o atingimento das metas que o justificam, mas também para ser divulgado publicamente, permitindo o controle pela sociedade – independentemente do controle externo realizado por órgãos como o TCU.

[139] Sobre o caso, vide item 4 do Voto do Acórdão n. 571/2000, Processo n. 005.875/1999-4, relator Min. Marcos Bemquerer.

[140] Item 7 do Voto do Acórdão n. 571/2000, Processo n. 005.875/1999-4, relator Min. Marcos Bemquerer. Após pedido de dilação de prazo, foi apresentado o memorando n. 903/00-SDP/GAB

Trata-se da regra de publicidade da atividade administrativa, intensificada em vista do manejo (por meio de renúncia) de verbas públicas.

Outros fatos suscitados na auditoria do TCU demonstram ter havido problemas de acompanhamento interno. Segundo conclusão da Corte de Contas, o Ministério teria indicado em relatório gerencial o cumprimento das contraprestações pelas empresas entre 1996 e 1998. Contudo, levantamento feito pela inspeção teria indicado que nem todas as empresas cadastradas no Regime Geral cumpriram as metas de volume de exportação em contrapartida à unidade monetária de imposto relevado.[141] Tanto é que, a pedido do TCU, a Secretaria do Desenvolvimento da Produção – SDP elaborou levantamento das empresas inadimplentes, concluindo, em 2002, que das 213 habilitadas no Regime Geral, pelo menos 38 teriam inadimplido os termos de adesão, seja em relação aos índices de nacionalização ou de proporção[142]. Até aquele momento, e mesmo com o fim da vigência do Regime Automotivo Geral em 1999, não havia registro da adoção de medidas pela Secretaria da Receita Federal – SRF para cobrança dos tributos recolhidos a menor das empresas inadimplentes.

Ademais, segundo o Acórdão do TCU n. 147/2002, prolatado na mesma Auditoria após apresentação de levantamento solicitado à SDP, a Asia Motors também teria descumprido as metas de investimentos em contrapartida às importações realizadas, o que autorizava a aplicação de multa de aproximadamente R$ 217 milhões. Porém, mesmo diante do fato, a SDP ainda não teria adotado qualquer medida relativa ao cancelamento da habilitação ou formalização do inadimplemento (mesmo que ações judiciais impedissem a aplicação da multa). Apenas havia suspenso as importações pleiteadas[143].

Por fim, e mesmo decorridos quase vinte anos do fim da vigência do Regime Automotivo, não foram encontrados registros de análises feitas

[141] Consta da página 3 do relatório, item 2.1.4: "O MDIC informou em seu relatório de avaliação de desempenho do RAG que as empresas habilitadas cumpriram as relações estabelecidas quanto a este aspecto operacional, dado que não foi comprovado nesta Auditoria". (Acórdão n. 571/2000, Processo n. 5.875/2002).

[142] Conforme p. 9 do Acórdão n. 147/2002, Processo n. 005.875/1999-4, relator Min. Marcos Bemquerer.

[143] Vide p. 9 do Acórdão n. 147/2002, Processo n. 005.875/1999-4, relator Min. Marcos Bemquerer.

pela própria Administração Pública a respeito dos resultados alcançados pela política de fomento. Fato crítico não só por impossibilitar a avaliação final da política, mas também porque, anos depois, viria a ser instituído o Inovar-Auto, sem que houvesse qualquer ganho de aprendizagem pela Administração que pudesse ser aproveitado no planejamento desta e de outras futuras políticas.

Por esta razão, a análise ora desenvolvida servirá de base para o estudo do Inovar-Auto. Aliás, em vista do prazo decorrido entre o Regime Automotivo, de 1996, e o Inovar-Auto, de 2012, era de se esperar que quando menos os estudos relativos ao primeiro programa, e o resultado do controle externo feito pelo TCU e pela OMC, tenham sido levados em conta quando da política instituída em 2012.

Destaque-se apenas que neste intervalo entre o Regime Automotivo e o Inovar-Auto, vários incentivos fiscais foram concedidos ao setor automotivo pelo Governo federal, a partir de desonerações tributárias relativas ao IPI e ao IR. Segundo relatório de acompanhamento do TCU, foram 25 Leis ou Medidas provisórias e 23 Decretos totalizando uma renúncia estimada de receita de R$ 327,78 bilhões[144]. Nada obstante o montante significativo de recursos, não houve qualquer política de fomento que coordenasse os instrumentos financeiros em prol de objetivos previamente planejados. Aliás, eles não se destinavam apenas a um setor. Por esta razão as medidas não são caracterizadas como um programa de fomento, não sendo objeto de estudo neste Capítulo.

2.3 O Inovar-Auto (2012-2017)

2.3.1 Descrição da política de fomento

Quase treze anos depois da estruturação do Regime Automotivo Brasileiro (previsto para vigorar de 1996 até 1999), só em 2012 o Governo Federal estabeleceu novo programa de incentivo tributário voltado

[144] O estudo das desonerações tributária relativas a este período foram objeto de acompanhamento pelo TCU no Processo n. 20.911/2013-0, Acórdão n. 713/2014-Plenário, relator Min. Raimundo Carreiro.

especificamente ao setor. Isso se deu no contexto da política divulgada pelo Governo Federal em 2011 – o Plano Brasil Maior. Até então, de 1999 a 2012, foram estendidos a agentes do setor alguns benefícios do regime regional anterior, além de medidas fiscais pontuais anticíclicas[145], para contornar crises como a do *subprime* ocorrida em 2007 nos Estados Unidos, com efeitos mundiais.

Mas, mesmo com estes benefícios, desde 2008 o volume de importações de veículos já vinha superando novamente o de exportações, culminando em 2011 com um déficit comercial de US$8,3 bilhões[146].

Em 2012, foi então publicada a Medida Provisória n. 563, convertida em Lei no mesmo ano (Lei n. 12.715) e regulamentada pelo Decreto n. 7.189/2012. A medida instituía novo pacote de incentivos fiscais federais ao setor automotivo, denominado Inovar-Auto – Incentivo à Inovação Tecnológica e Adensamento da Cadeia Produtiva de Veículos Automotores.

Segundo consta da Exposição de Motivos, o programa partia da premissa de que o setor era fundamental à economia em vista do volume de empregos gerados; do potencial de consumo interno (4º maior mercado no Mundo) e da capacidade produtiva (que aumentou de 2000 a 2011, passando de 1,7 milhão para 3,4 milhões de unidades por ano, sendo 6º lugar no mercado internacional[147]). Mas demandaria um pacote de incentivos estatais para equilibrar o saldo negativo entre importações e exportações, que cresceu mesmo diante do aumento da capacidade produtiva entre 2000 e 2011.

O objetivo do Inovar-Auto seria, pois, melhorar a competitividade do produto nacional, equiparando os veículos automotivos produzidos no Brasil aos padrões de tecnologia, eficiência produtiva, energética e segurança veicular dos produtos europeus e norte-americanos – processo

[145] A Lei n. 12.546/2011, por exemplo, já estabelecia a redução de IPI para o setor automotivo. Para análise das medidas, vide o Acórdão n. 713/2014 – Plenário do TCU, Processo n. 20.911/2013-0, Relator Min. Raimundo Carreiro.

[146] Segundo informação lançada na Exposição de Motivos da MP 563/2012, que instituiu o Inovar-Auto.

[147] Conforme consta da Exposição de Motivos, da Medida Provisória, cujo link para consulta consta em <http://www.planalto.gov.br/ccivil_03/_ato2011-2014/2012/mpv/563.htm>. Acesso em: 07 dez. 2017.

chamado de *catching up*[148]. O foco não era mais apenas quantitativo (aumentar a produção nacional), mas qualitativo.

A urgência da medida consistia, segundo a Administração Pública, na necessidade de aproveitar o contexto de crise fiscal dos países desenvolvidos (já saturados em termos de consumo) e a conjuntura macroeconômica favorável do Brasil, para atrair investimentos estrangeiros com base em uma política setorial sólida. Segundo dado lançado na Exposição de Motivos, a estimativa de renúncia de receita deste programa entre 2013 e 2015 deveria chegar a R$1,5 bilhão (a exposição não trazia nenhum dado que fundamentasse o número apresentado).

O programa instituído beneficiaria, até dezembro de 2017, produtoras e comercializadoras de veículos automotivos[149], bem como empresas com projetos já aprovados para instalação de fábricas de veículos ou de produção de novos modelos no Brasil. Para tanto, os interessados deveriam se habilitar junto ao MDIC, comprovando regularidade fiscal em relação a tributos federais e assumindo o compromisso de atingir níveis de eficiência energética – CE1[150] – (art. 40, §§1º a 3º). Estes níveis eram expressos em quilômetros por litro de combustível, ou megajoule por quilômetro, medidos segundo normas da ABNT e do IBAMA para veículos híbridos e elétricos.

Os agentes fomentados deveriam, ainda, cumprir pelo menos três dos seguintes requisitos, sendo o primeiro obrigatório: realizar atividade fabril ou de infraestrutura de engenharia[151]; investir em pesquisa,

[148] A expressão refere-se ao emparelhamento tecnológico com países desenvolvidos.

[149] Os veículos que se enquadravam no regime era os classificados entre as posições 87.01 a 87.06 da Tabela de incidência do IPI – TIPI, conforme aprovado pelo Dec. 7.660/2011. O decreto que regulamentou o programa trazia no Anexo III o rol de atividade considerada fabris e de infraestrutura de engenharia que eram consideradas (conforme o produto produzido) para gozo do benefício, por exemplo, fabricação de motor, soldagem, montagem de sistema de câmbio e freio, infraestrutura própria de laboratórios para testes.

[150] Este e outros níveis mínimos de consumo a ser atingidos eram calculados segundo fórmulas descritas no Anexo II do regulamento do programa.

[151] Segundo o art. 7º, I, do regulamento do programa, as empresas deveriam atingir quantidade mínima anual de atividades desta natureza, quantidade que aumentaria de 2013 a 2017 e variaria segundo o tipo de veículo produzido. Estas atividades eram regulamentadas também por Portarias do Ministério do Desenvolvimento, como a n. 113/2013.

desenvolvimento e inovação[152]; investir em engenharia, tecnologia industrial básica e capacitação de fornecedores[153] (não sendo consideradas como investimentos doações de bens e serviços); e aderir ao programa de etiquetagem veicular nacional definido pelo Ministério de Desenvolvimento e estabelecido pelo INMETRO[154].

O regulamento do Programa (e a Portaria n. 297/2013 do Ministério do Desenvolvimento) trazia como condições especiais para empresas com projeto de instalação de fábrica ou de nova planta ou projeto industrial, a aprovação do projeto pelo MDIC. O projeto ainda deveria contemplar descrição e características técnicas dos veículos a serem importados ou produzidos, bem como atender a critérios para determinação da capacidade anual de produção (art. 5º do Dec. 7.819/2013).

Já as empresas comercializadoras de veículos no País deveriam apresentar programação descritiva dos dispêndios e investimentos pretendidos; vínculo com o fabricante ou seu distribuidor no exterior, estando formalmente autorizadas a realizar atividade de importação,

152 Segundo o regulamento (art. 7º, II), estes investimentos deveriam corresponder a percentual sobre o total da receita bruta das vendas de bens e serviços, excluídos os impostos e contribuições incidentes sobre a venda. Este percentual variaria de 0,15% a 0,5% entre 2013 e 2017, e corresponderiam a pesquisa básica dirigida, pesquisa aplicada, desenvolvimento experimental ou serviços de apoio técnico, assim definidos pelo regulamento, ou ainda, a segurança veicular ativa e passiva, a ser estabelecido em ato conjunto do Ministério do Desenvolvimento e da Ciência, Tecnologia e Inovação, devendo constituir avanços funcionais e tecnológicos em relação aos previstos pelo CONTRAN e incorporados até 30 de julho de 2017 aos produtos fabricados pela empresa beneficiária.

153 Os investimentos também eram estabelecidos pelo art. 7º, III, do regulamento, correspondendo a percentual da receita bruta, excluídos alguns tributos, e variando de 0,5% a 1% de 2013 a 2017. Os valores deveriam ser aplicados em desenvolvimento de engenharia; tecnologia industrial básica; treinamento do pessoal dedicado à pesquisa e desenvolvimento, inovação e implementação; desenvolvimento de produtos, concepção, projeto, construção ou modernização de laboratórios, pista de teste, aquisição de equipamentos, serviços e peças de reposição nacionais para atividades indicadas na nota 187 acima; capacitação de fornecedores; desenvolvimento de ferramental, moldes e modelos, matrizes e dispositivos usados no processo produtivo; ou ainda, para alcançar relação de consumo nos motores flex entre etanol e gasolina superior a 75%, sem prejuízo da eficiência energética da gasolina. Estes investimentos poderiam ser feitos diretamente pelo beneficiário, por intermédio de fornecedor contratado ou de universidade, instituição de pesquisa, empresa especializada ou inventor independente.

154 O regulamento estabeleceu percentuais mínimos anuais para etiquetagem dos modelos, sendo de 36% em 2013 e de 100% em 2017 (art. 7º, IV). Este requisito era excluído em caso de produção de determinados tipos de veículos. Algumas empresas – produtoras de veículos com motor de pistão e ignição por compressão – deveriam cumprir apenas dois destes requisitos (art. 40, §§6º e 8º).

comercialização, assistência técnica, organização de distribuição e uso das marcas do fabricante no País (art. 6º).

As habilitações concedidas valeriam por um ano, renováveis por mais um, até dezembro de 2017, desde que comprovado o atendimento aos requisitos de habilitação. E poderiam ser requeridas a qualquer tempo, constando do Ato de habilitação os compromissos e direitos da empresa beneficiária. No caso de empresas com projeto aprovado para nova instalação fabril, deveria ser solicitada habilitação por fábrica ou planta industrial, renovável uma única vez e somente se cumprido o cronograma do projeto de instalação.

Tanto quanto o RAB, o programa Inovar-Auto consistia na concessão de incentivo tributário aos agentes do setor, baseados em crédito presumido do IPI[155]. Estes créditos seriam apurados com base em dispêndios mensais com pesquisa, desenvolvimento e inovação tecnológica, insumos estratégicos, ferramentaria, capacitação de fornecedores, engenharia e tecnologia industrial básica ou recolhimentos ao Fundo Nacional de Desenvolvimento Científico e Tecnológico – FNDCT[156]. A apuração de IPI poderia ser feita também por empresas habilitadas que importassem veículos, a partir da aplicação de percentual a ser definido pelo Executivo sobre a base de cálculo do IPI na saída do estabelecimento importador. Neste caso, como incentivo também se suspendeu o IPI incidente no desembaraço aduaneiro de veículos importados.

Havia ainda incentivo adicional para empresas que obtivessem redução superior aos patamares mínimos de emissão de poluentes previsto no Programa. Por exemplo, empresas que se comprometessem a, até

[155] Segundo Schapiro (2017), esta medida visava a compensar um aumento de pelo menos 30% na alíquota do IPI ainda sob a vigência do Regime Automotivo (Dec. 7.567/2001, Anexo V), aplicado tanto a veículos nacionais quanto importados. Aumento este que foi mantido no Inovar-Auto (art. 14, §1º do Dec. 7.819/2012).

[156] Estas atividades eram especificadas em regulamentação complementar, como a Portaria n. 113/2013 do Ministérios do Desenvolvimento, que descrevia de que forma deveria se dar a capacitação dos fornecedores e os dispêndios com esta atividade, com alterações pela Portaria n. 318/2014 e 328/2-16.; e as características e metodologia para cômputo dos valores de insumos e ferramentaria; Portaria conjunta do Ministério do Desenvolvimento e da Ciência n. 297/2013: Portaria 257/2014, que tratava especificamente de investimentos em ferramentaria e insumos estratégicos.

outubro de 2017, fabricar veículos[157] que consumissem 15,46% menos combustível em relação ao patamar de 2013 (denominado CE2) teriam redução de 1% de IPI; se o consumo a menor chegasse a 18,84% em relação ao nível CE3 entre outubro de 2016 e outubro de 2017 (com medições anuais até 2020), a redução de IPI seria de 2%.

A verificação do atingimento destes níveis a que se comprometiam as empresas quando da habilitação seria feita pelo MDIC até o último dia do prazo para cumprimento da exigência. A empresa ainda se comprometia a apresentar relatórios de acompanhamento[158], trimestralmente, a depender da habilitação, à Secretaria do Desenvolvimento do Ministério (SDP), auxiliada por Comitês de auxílio Técnico – CAT na verificação dos projetos e informações apresentados pelos agentes fomentados[159].

Em termos fiscalização da execução, a Portaria n. 280/2013 instituiu o Sistema de Acompanhamento do Programa Inovar-Auto, a ser implementado pela Agência Brasileira de Desenvolvimento Industrial – ABDI ao amparo do Contrato de Gestão firmado com o Ministério do Desenvolvimento.

Em 2015, por meio da Portaria n. 5 do Ministérios da Ciência, Tecnologia e Inovação (MCTI), foi criado o Comitê Gestor dos recursos, que prestaria apoio técnico e administrativo ao Ministério, estabelecendo diretrizes gerais, acompanhando resultados alcançados e definindo planos de investimentos a partir dos recursos do Fundo Nacional de Desenvolvimento Tecnológico e Científico (FNDCT), direcionados em categoria específica para o Inovar-Auto.

[157] Nos termos do item 8 do Anexo II do Regulamento, este índice valeria para veículos com consumo de gasolina, etanol, flex ou híbridos e elétricos. Detalhes sobre eficiência energética para redução de IPI também foram estabelecidos pela Portaria 74/2015 do Ministério do Desenvolvimento

[158] A Portaria n. 772/2013 aprovou Memorial para a prestação de informações pelos agentes fomentados sobre a realização de investimentos e P&D, engenharia, capacitação de fornecedores, etc., e instituiu o dever de as empresas beneficiárias manterem a documentação relativa aos projetos de investimento pelo prazo da guarda da documentação fiscal.

[159] Estes Comitês foram instituídos e regulamentados pela Portaria 68/2017, e a eles competia, dentre outras funções, emitir diagnósticos técnicos opinativos sobre os projetos enviados ao Ministério do Desenvolvimento no âmbito do Inovar-Auto. Os agentes fomentados poderiam se manifestar acerca dos diagnósticos opinativos emitidos pelos CATs, cabendo à Secretaria do Desenvolvimento aprovar ou glosar os dispêndios apresentados (com remessa dos pareceres à Receita Federal), com possibilidade de recurso do beneficiário ao Ministro do Desenvolvimento.

Em 2017, por meio da Portaria n. 133 do Ministério da Indústria, foi regulamentado o credenciamento de auditorias independentes para verificação do atendimento aos compromissos e requisitos exigidos no âmbito do Inovar-Auto, aprovando-se também um Manual de Auditoria. Os relatórios destas auditorias deveriam ser apresentados pelas empresas habilitadas até o último dia do semestre subsequente ao término da sua habilitação, podendo-se exigir a apresentação de até dois relatórios de auditoria independente por empresa no decorrer do Programa.

Em 2014, algumas mudanças foram implementadas no que respeita às condições para usufruir dos benefícios fiscais. Estabeleceu-se o dever de fornecedores de insumos estratégicos e ferramentas para as empresas habilitadas (e seus fornecedores diretos) informar aos adquirentes os valores e características dos produtos fornecidos – sob pena de multa, inclusive em caso de informação incorreta. A condição visava a assegurar o desenvolvimento sustentável da indústria (em termos de aumento de padrão tecnológico dos veículos, quanto a segurança e emissões veiculares). Sua inobservância levaria à impossibilidade de apuração e uso de crédito presumido daquela operação de venda pela empresa.

Também em 2014, alteração legislativa incluiu no programa a possibilidade de o Executivo reduzir alíquota de IPI para veículos com motores *flex*, que tivessem relação de consumo entre etanol e gasolina superior a 75%. E, ainda, a possibilidade de cancelamento da habilitação em caso de descumprimento de quaisquer dos requisitos da Lei ou de seu regulamento. Exceção feita ao compromisso de assumir níveis de eficiência energética (cujo descumprimento implicaria multa[160]), ou em caso de uso de valor a maior de crédito presumido por informações incorretas dadas pelos fornecedores de insumos, ferramentas ou produtos. Neste último caso, a empresa teria até 60 dias a partir de notificação do equívoco para estornar o crédito aproveitado a maior ou recolher o valor da diferença, sob pena de cancelamento da habilitação.

[160] As multas eram escalonadas entre R$50,00 e R$360,00 a depender da distância em relação à meta de eficiência energética. E eram devidos por cada centésimo de consumo energético superior à meta, multiplicado pelo número de veículos comercializados pela empresa a partir de abril de 2013, ou da sua habilitação.

No caso de cancelamento da habilitação, deveria ser pago pela empresa o tributo que deixou de ser recolhido por utilização de crédito presumido de IPI, com os acréscimos da lei tributária. Se a empresa tivesse mais de uma habilitação, o cancelamento de uma delas não necessariamente implicaria o cancelamento das demais. O cancelamento impediria também a renovação da habilitação em novo período.

Além do cancelamento da habilitação, a partir de 2013 foram previstas sanções em caso de descumprimento de obrigações acessórias do programa (multa de 10% do crédito presumido apurado de IPI para o mês anterior à infração), ou das metas de eficiência energética. Os valores das multas seriam recolhidos ao Fundo de Desenvolvimento Científico e Tecnológico (FNDCT).

Tendo em vista que este programa coincidiu durante três anos com o crédito presumido do IPI concedido pelo Regime Automotivo Regional (Lei 9.440/1997), o art. 44 da Lei n. 12.715/2012 estabeleceu expressamente que os benefícios do Inovar-Auto não excluiriam os incentivos previstos naquele programa.

O programa foi questionado na OMC pela União Europeia e pelo Japão, por criar estímulos fiscais que dariam preferência a produtos nacionais, ou originados do Mercosul e do México. Sob o pretexto de fomentar a eficiência energética, a política seria uma medida de desenvolvimento da indústria nacional em detrimento dos produtos estrangeiros, contrariando as normas da Organização Mundial de Comércio. Em decisão de 30 de agosto de 2017, a OMC condenou o Brasil a retirar em até 90 dias os subsídios concedidos à indústria nacional[161] – decisão que já havia sido objeto de informe preliminar pela OMC no final de 2016.

Em termos de adesão, às vésperas do fim da vigência da política, constavam de planilha do site do Ministério do Desenvolvimento cinquenta e cinco habilitações desde 01.10.2012, sendo vinte e três de empresas fabricantes, quinze para importadoras e dezessete relativas a projetos de investimentos. Deste total, foram renovadas até dezembro de 2017 (data de fim da vigência do programa) vinte e uma habilitações de fabricantes,

[161] A íntegra da decisão da OMC e os detalhes dos questionamentos podem ser consultados no site da organização, e estão disponíveis em: <https://www.wto.org/english/tratop_e/dispu_e/cases_e/ds472_e.htm>. Acesso em: 02 nov. 2017.

sete de importadoras e nenhuma para projeto de investimento – as últimas três renovadas expiraram em julho de 2017.

Já no início de 2018 havia estudo apontando o insucesso do Inovar-Auto[162]. Mas no que respeita ao procedimento e às suas regras de governança, percebem-se mudanças entre o Regime Automotivo e o Inovar-Auto que fazem deste uma política de fomento mais bem estruturada, ainda que passível de melhoria, conforme se passa a analisar.

2.3.2 Análise crítica do planejamento

A base para estudo do planejamento de uma política é a Exposição de Motivos do ato normativo que a institui. Comparando-se a Medida Provisória que instituiu o Regime Automotivo com a do Inovar-Auto, identificam-se, nesta, mais fundamentos para escolha do setor e dos incentivos concedidos, baseados em dados – ainda que isso tenha sido feito em uma página e meia, sem referência à fonte, o que compromete as informações lá lançadas.

Neste sentido, partindo do reconhecimento da amplitude do mercado interno no setor, e da grande capacidade produtiva nacional, através do Inovar-Auto a Administração Pública justificou a decisão de estimular seu incremento em termos *qualitativos*, para melhorar a competitividade da produção nacional e aumentar as exportações. Para isso, alegou-se que seria necessário atrair investimentos em tecnologia e eficiência produtiva, o que explicaria os objetivos de aumento de investimento em segurança veicular e eficiência energética (com redução de impacto ambiental). Houve, pois, preocupação quando do planejamento da Medida Provisória não só em apresentar um diagnóstico do setor (ainda que sem referências) e indicar os objetivos da política, mas os relacionar.

[162] Neste sentido, vide os artigos de Samuel Pessoa, disponível no Blog do IBRE em https://blogdoibre.fgv.br/posts/inovar-auto-nao-foi-um-sucesso, acesso em 4 de setembro de 2020. Em sentido oposto, vide artigo de Nelson Barbosa disponível também no Blog do IBRE em https://blogdoibre.fgv.br/posts/inovar-auto-foi-mais-que-protecao-temporaria-e-nao-e-hora-de-ficar-sem-politica-automotiva, acesso em 4 setembro de 2020.

Quanto aos objetivos, a abrangência do Inovar-Auto não se concentrou apenas em aumentar a produção com injeção de recursos públicos (afinal, foi constatado que havia capacidade produtiva ociosa no país), mas a orientar os investimentos privados do setor às áreas consideradas relevantes para o que se considerava condição para sua transformação estrutural: tecnologia e inovação, e eficiência energética com redução de impactos ambientais.

O fato é positivo, ainda que – segundo Schapiro – tenha sido insuficiente no que respeita ao estímulo para produção de veículos elétricos e híbridos[163]. Todavia, esta crítica parece estar menos relacionada ao planejamento (já que se considerou este tipo de inovação) e mais à estruturação normativa, como será visto no item 2.2.3. Os instrumentos não foram estruturados de forma a alcançar em maior medida os objetivos indicados.

Em termos de planejamento e coordenação, a Exposição de Motivos indica a preocupação do Poder Público em conciliar medidas macroeconômicas com o estímulo à exportação (um dos objetivos da política), a partir da atração de investimentos para tornar o produto nacional mais competitivo. Consta da EM:

> O preocupante quadro de perda de competitividade atualmente vivenciado pela indústria automobilística nacional, decorrente em grande medida, do agravamento da situação econômica internacional que tem impactado na valorização da nossa moeda, a despeito dos crescentes esforços do governo no sentido de manter a taxa de cambio em níveis benignos à produção brasileira, são fatores que justificam a urgência. A conjuntura macroeconômica doméstica favorável, de elevado emprego e crescimento econômico associados a um processo de consolidação fiscal, ante as perspectivas de crescimento claudicante e dificuldades fiscais nos países desenvolvidos, tem levado a crescentes fluxos de capitais em busca de maior retorno e segurança oferecidos por nossa economia[164].

[163] (SCHAPIRO, 2017, p. 451).

[164] Exposição de Motivo n. 00025/2012 – MF/MDIC/MCTI/MEC/MC/SEP/MS/MPS, p. 7.

Ao menos em teoria, a política macroeconômica seria conduzida de forma coordenada com os objetivos da política de fomento, atraindo capital estrangeiro e favorecendo a exportação. Na prática, segundo Lima, isso se confirmaria entre 2010 e 2014, período em que o Governo federal teria dado continuidade a uma política fiscal mais flexível e monetária que favorecia o consumo, reduzindo a taxa básica de juros, acumulando reservas internacionais e instituindo um salário mínimo que fortalecesse o poder de compra do mercado interno. Isso, somado ao fato de o Inovar-Auto ter sido constituído no bojo de um plano amplo de estímulo à indústria – Plano Brasil Maior (PBM) – permite inferir que houve coordenação no Inovar--Auto com políticas econômicas – sem se fazer neste ponto qualquer juízo de valor acerca dos planos e políticas, que não é objeto deste trabalho.

Porém, a política macroeconômica oscila em virtude de variáveis que muitas vezes não são controláveis pelo Poder Público – como a valorização do câmbio em cenário de crise internacional. Daí porque não basta apenas a coordenação do fomento público com políticas econômicas para assegurar o desenvolvimento sólido do setor (isto é, sem auxílio financeiro estatal). Como ocorreu em 2015 diante de um cenário de contração econômica, o Governo federal pode vir a precisar adotar medidas que contrastem com a medida de fomento (como uma política fiscal e monetária mais contracionista).

Por esta razão é que o fomento público deve ser utilizado como ferramenta de estímulo que vise à autossuficiência da atividade, e não apenas como instrumento de política anticíclica. Para que, quando menos em um cenário sem crises nacionais e internacionais, ela subsista sem recursos público (o que não parece ser o caso do setor automotivo, objeto constante de fomento financeiro). Em alguma medida a diferença está associada à combinação de objetivos com contrapartidas exigidas dos agentes fomentados (que impedem que o fomento se torne mera doação, estimulando novas competências inclusive em face do mercado internacional). Segundo Lima, programas de curto prazo a partir de desoneração fiscal e crédito subsidiado para fomentar setores industriais estão mais associadas a uma política anticíclica "que não promove mudanças estruturais no setor e, portanto, não corrobora para o ganho de competitividade"[165].

Ainda em termos de planejamento e coordenação, não se verificou quando da instituição do Inovar-Auto a interação com políticas de fomento estaduais e municipais.

Na vigência do programa, foi apresentado o Projeto de Lei do Senado PLS n. 130/2014, visando a reformar o sistema de concessão de incentivos fiscais estaduais. Mas a medida restringiu-se a regularizar a concessão de incentivos baseados no ICMS em face do CONFAZ, tendo como objetivo apenas mitigar a chamada Guerra fiscal entre estados. O convênio por ela referido não foi criado para coordenar incentivos nas três esferas da federação, cabendo à União apenas presidir as reuniões no CONFAZ. É dizer, não houve e ainda não há uma instância de debate entre políticas de fomento de diferentes entes da federação. Mas a análise do Regime Automotivo e do Inovar-Auto indica a importância de se criar mecanismo desta natureza para o planejamento de políticas de fomento. O tema é sutil.

Por um lado, não se pode restringir a autonomia fiscal dos Estados e Municípios (em respeito ao pacto federativo), proibindo desonerações tributárias e medidas de fomento. Por outro, a concessão simultânea e não coordenada de incentivos fiscais federais, estaduais e municipais pode anular as políticas de fomento entre as entidades. Por exemplo, quando a Administração Pública federal promove política de estímulo ao desenvolvimento regional, como ocorreu no Regime Automotivo Especial, impactando na efetividade daquele programa.

Ademais, a necessidade de coordenação entre os entes da federação em matéria de fomento financeiro decorre do fato de que, muitas vezes, a concessão de incentivos fiscais federais afeta a receita destinada aos fundos de participação dos Estados e Municípios. Por exemplo, da receita total de IPI (que foi o cerne do Inovar-Auto), 49% devem ser destinados ao fundo de participação dos Estados, Distrito Federal e Municípios (art. 159, da CF). Nestes casos, desonerações tributárias federais acabam sendo financiadas por Estados e Município sem que estes sejam consultados

165 (LIMA, 2016. p. 96).

acerca da renúncia de receita – ponto que é objeto de preocupação pelo TCU[166]. E mesmo que a política federal não vise diretamente a estimular o desenvolvimento regional, suas medidas de fomento podem ter o efeito reverso de prejudicar determinadas regiões – o que vai de encontro a objetivo fundamental da República[167]. O ponto há que ser objeto de atenção da Administração Pública quando do planejamento do fomento.

Sobre planejamento e análise de dados, a Administração Pública justificou em diagnóstico do setor a necessidade de reforçar investimentos em tecnologia e inovação. Consta da Exposição de Motivos que os veículos nacionais chegam a ter níveis de eficiência até 40% inferiores aos de veículos comercializados nos EUA e no Japão, prejudicando o volume de exportações. Para tornar os veículos produzidos no país mais competitivos – segundo indicado na EM – era necessário então um avanço tecnológico e de eficiência produtiva.

O objetivo de melhorar a qualidade da produção nacional também partiu do diagnóstico de que o mercado brasileiro ainda era o maior consumidor do setor, mas com tendência de importar veículos sempre que o cenário econômico fosse favorável e a taxa de câmbio valorizada. Logo, para manter o consumo interno mesmo nestas condições, seria necessário melhorar a qualidade da produção nacional.

Independente da correção dos dados e diagnósticos indicados (cujas fontes não são mencionadas na Exposição de Motivos, podendo-se questionar sua validade[168]), há referência na etapa de planejamento a dados

[166] Sobre a dificuldade em se verificar a eficiência de medidas de desoneração tributária que suprimem receitas a serem distribuídas aos fundos de participação dos estados e municípios, vide Acórdão n. 713/2014 – Plenário do Tribunal de contas da União, Processo n. 020.911/2013-0, relator Min. Raimundo Carreiro.

[167] O ponto é relevante. Segundo acompanhamento feito pelo TCU dos incentivos federais concedidos entre 2008 e 2011 com base no IPI e no IR (inclusive, mas não apenas, ao setor automotivo), de um total de R$ 327,78 bilhões, 58% foram arcados por estados e municípios em vista dos valores que seriam repassados aos seus fundos de participação. E mais, o TCU concluiu que o Nordeste foi a região com maior impacto negativo originado da redução dos repasses. Sobre o tema, vide Acórdão n. 713/2014 – Plenário, Processo n. 020.911/2013-0, relator Min. Raimundo Carreiro. p. 16.

[168] Há informações relativas a metas de investimento no site do Ministério do Desenvolvimento, Indústria e Comércio Exterior, que não encontra referência na Exposição de motivos da MP. Segundo consta, as metas lá indicadas teriam partido de diagnóstico quando da instituição do Plano Brasil Maior – PBM. As informações estão disponíveis em: <http://www.mdic.gov.br/index.php/competitividade-industrial/inovar-auto/objetivo-geral-e-especifico-2>. Acesso em: 14 nov. 2017.

para fundamentar os objetivos pretendidos para o setor – o que não se verificou, por exemplo, na Exposição de Motivos do Regime Automotivo.

Não se verifica no planejamento do Inovar-Auto justificativa para a escolha do instrumento financeiro utilizado – desoneração tributária. Esta opção, contudo, não é simples e deve, pois, ser objeto de motivação. Questiona-se se desonerações tributárias são suficientes para projeção de setores no mercado internacional, sobretudo por conta da alta carga tributária do país – que mantem o preço dos veículos produzidos no país pouco competitivo mesmo com medidas de incentivo. Ademais, é de se questionar, inclusive, se incentivos tributários são capazes de estimular *saltos de inovação e competitividade*, pois representam de usual um alívio de custo, e não provisão de capital. Havendo possibilidade de escolha dentre os instrumentos de fomento financeiro existentes, portanto, há que se justificar os instrumentos selecionados, bem como indicar sua adequação em face dos objetivos estabelecidos – o que não foi feito na EM do Inovar-Auto.

No que toca à duração da política (um dos elementos mais críticos, e por isso relevantes, em termos de planejamento do fomento público) também não houve qualquer justificativa na Exposição de Motivos do Inovar-Auto, tanto quanto no Regime Automotivo. O número pode ter sido aleatório ou até mesmo decorrente de estudo em vista das metas previstas. Mas não havendo referência na Exposição de Motivos, revela-se um problema de planejamento – ou de transparência – na instituição da política. O ponto é crítico, pois segundo Mendonça, "as atividades devem ser fomentadas na exata medida em que precisem do aporte público, e apenas durante o período em que o fomento seja necessário à sua viabilidade econômico"[169].

Em relação às metas (ou seja, objetivos devidamente quantificados), houve a indicação de estimativa do valor das renúncias nos três primeiros anos do programa – de R$ 1,5 bilhão ao ano. Mesmo sem referência à forma como este número foi calculado (falha de planejamento ou de transparência), a previsão já permite uma análise de efetividade da medida em termos numéricos para aqueles anos.

[169] (MENDONÇA, 2014, p. 350-351).

Também há registro no site do MDIC de metas específicas para investimento em eficiência energética, pesquisa e desenvolvimento, etapa fabril e etiquetagem veicular, indicando-se inclusive o volume de investimentos que já foram realizados[170]. Ainda que não haja maiores explicações sobre os números (mais uma vez, falha de planejamento ou publicidade), trata-se de parâmetro necessário na elaboração de políticas com vistas, sobretudo, a possibilitar o acompanhamento de resultados.

Por fim, em relação a planejamento e o setor fomentado, é crítica a ausência de consideração sobre a escolha do setor automotivo, sobretudo por se tratar de atividade que já vem sendo objeto de incentivos estatais há mais de 20 anos. Não parece que neste ponto baste à Administração Pública destacar a sua relevância para a economia – senão qualquer atividade que tenha algum peso em termo de geração ou manutenção de empregos, ou em percentual do PIB, poderá ser objeto de política de fomento. Se o argumento já é pouco explicativo para justificar a concessão reiterada de incentivos, ele se torna ainda mais frágil quando já se somam medidas de estímulo público há mais de vinte anos.

O fomento estatal financeiro consiste em destinar recursos públicos a agentes econômicos que exercem atividade em regime de livre iniciativa; que assumem o risco de alocar seu capital para desenvolver determinadas atividades por considerá-las (dentre outros aspectos) rentáveis – afinal, o lucro é um dos objetivos fundamentais da iniciativa privada. Logo, o Estado e os recursos por ele arrecadados não podem servir de segurador de riscos de particulares, a que eles recorrem ao primeiro sinal de crise ou de insucesso na escolha do investimento ou no seu modo de produção. Muito menos de *sócio*, em volume de investimentos, por tempo indeterminado, para um setor específico.

Por esta razão, o Estado só deve utilizar medidas de fomento se verificar na etapa de planejamento que o auxílio é necessário e convergirá com seus objetivos mais amplos em relação à regulação da economia – objetivos que o Estado por si só não alcançaria. Sem isso, recursos

[170] Números disponíveis em: <http://www.mdic.gov.br/index.php/competitividade-industrial/inovar-auto/objetivo-geral-e-especifico-2>. Acesso em: 14 nov. 2017.

estatais poderão ser destinados a agentes privados, mas em caráter de ajuda financeira, sem efeito de regulação estatal.

Se o setor automotivo já vem sendo objeto de estímulo há anos, mas ainda assim parece demandar auxílio estatal, é de se questionar se se deve insistir nas medidas de fomento público ou se a situação demanda medidas institucionais, como uma reforma tributária[171]. Esta escolha pressupõe que haja motivação quando da elaboração e da opção pelo fomento, considerando inclusive os êxitos e insucessos de políticas anteriores como razão pela qual ainda se deve insistir no fomento a um mesmo setor.

Este trabalho não tem a pretensão de responder à questão, mas levantar um aspecto do planejamento que deve ser enfrentado pelo Poder Público ao instituir novas medidas de estímulo a um mesmo setor por tantos anos – o que não foi feito nem no RAB nem no Inovar-Auto. Não seria mais adequado que, ao verificar a dificuldade de setor que tem efeito de arrasto na economia, mas cujo desempenho não parece satisfatório (a ponto de demandar constante auxílio público), o Estado buscasse regular para prover novas competências ou novos setores – numa perspectiva *parteira*, e não *pastora*[172]? As possibilidades devem ser sopesadas e a decisão administrativa final motivada também nestes termos.

A este respeito, não houve qualquer consideração no Inovar-Auto acerca da escolha do setor para receber os benefícios públicos. Pelo contrário, a seleção é de tal forma não planejada que, oito meses antes de instituir o Inovar-Auto, a Administração Pública federal publicou a Medida Provisória n. 540, que dentre outras questões concedeu mais um incentivo tributário ao setor automotivo por meio da redução do IPI. E mais, as justificativas em termos de relevância e urgência eram muito semelhantes às do Inovar-Auto, mas nenhuma das Exposições

[171] Segundo Lima (2016, p. 93), em 2015 o Presidente da ANFAVEA teria declarado que o país precisava de uma política de longo prazo, de pelo menos 15 anos, e o Governo deveria desenvolver um sistema tributário próprio para o setor automotivo. Em contrapartida, o que se nota nas políticas ora estudadas é que, ao invés de um sistema estruturado de incentivos de médio ou longo prazo, vem havendo uma sucessão de incentivos desconectados em termos de objetivos, que quando muito são úteis para socorrer os agentes econômicos em crises pontuais. Mesmo quando se pretenda uma política de fomento, e não meramente anticíclica.

[172] A expressão é referida por Schapiro (2017).

de Motivos fez referência aos benefícios concedidos pela outra, coordenando-os. Ao final, somaram-se incentivos financeiros sem apresentação de justificativa, sem indício de planejamento e de coordenação entre eles. Quando do Inovar-Auto, o benefício objeto da MP n. 540/2011 foi mantido, tendo sido inclusive regulamentado no mesmo Decreto n. 7.819/2012, transformando-se aparentemente duas políticas distintas em uma só, mas não havendo qualquer indicação de que elas foram planejadas para vigorar conjuntamente.

Além de dar indícios de falta de planejamento, o ponto revela problema de técnica legislativa que compromete a aferição de resultados do fomento. Resultados que já são naturalmente difíceis de controlar em virtude da dispersão dos efeitos de incentivos desta natureza[173].

2.2.3 Considerações acerca da estruturação das normas

Em termos de técnica legislativa, o Inovar-Auto apresenta dois aspectos críticos já indicados quando da análise do Regime Automotivo: foi instituído por Medida Provisória e acompanhado de medidas de estímulo financeiro ao setor em paralelo à Política – como a redução de IPI por meio da MP n. 540/2011.

Além disso, a mesma Medida em que o programa foi lançado cuidou de temas sem qualquer conexão com o setor automotivo, como o combate ao câncer, a reabilitação de pessoas com deficiência, a ampliação de estrutura portuária, incentivo ao mercado de venda de papéis para jornais e periódicos, dentre outros. De um total de quatorze páginas na exposição de motivos, apenas uma e meia dedicavam-se a justificar o Inovar-Auto. Em alguma medida, isso retira a relevância da política, inclusive em termos de recursos públicos destinados, e tende a reduzir sua visibilidade para controle social.

Outro aspecto crítico da sua estrutura normativa diz respeito à complexidade na concessão dos incentivos do Inovar-Auto, constituído de duas alterações à Lei, três alterações ao Decreto e quatorze Portarias

[173] Sobre a dificuldade de se aferir resultados de medidas de incentivo fiscal a setores industriais, em especial o automotivo, vide as conclusões do TCU no Acórdão n. 713/2014, Processo n. 020.911/2013-0, relator Min. Raimundo Carreiro; e o artigo de Wilbert et al. (2014).

que trataram de diversos aspectos do programa. Segundo Schapiro, isso foi proposital para tornar implícitas as regras de conteúdo local e evitar os questionamentos de regras junto à OMC[174], como ocorrido no Regime Automotivo no caso das proporções e índices de nacionalização. Mas teve como efeito a dificuldade de implementação do programa, com métricas e contrapartidas *não clarividentes*, bem como a dificuldade de fiscalização e controle interno e externo[175] (a questão será explorada no item 2.3.4). Ainda assim, os incentivos fiscais foram questionados na OMC pela União Europeia e Japão (Estados Unidos, Argentina, Austrália e China participaram na condição de observadores), porque enquadrados pela Organização como subsídios discriminatórios em relação a produtos estrangeiros[176].

O problema disso, além da inobservância de regras internacionais no processo de estruturação normativa, é a dificuldade gerada e o incremento de custos na etapa de implementação. Mesmo tendo sido concluído o painel na OMC às vésperas do fim da vigência do Inovar-Auto, ao final a decisão pode implicar a necessidade de o Brasil reparar os danos causados aos países que abriram os painéis, compensando-se em tarifas de exportação e importação, por exemplo.

Outro aspecto relevante na estruturação de uma política de fomento é a adequação entre os objetivos estabelecidos no planejamento e a

[174] Sobre a referida complexidade e as regras de conteúdo local, no Inovar-Auto o favorecimento à produção nacional se deu por meio da lista de despesas elegíveis para obtenção do crédito presumido – que por meio da Portaria Interministerial n. 113/2013, incluía nos itens de insumos estratégicos e ferramentaria produtos nacionais, gerando crédito de IPI de até 30%. Sobre o assunto, vide Schapiro (2017, p. 450).

[175] Para o autor, "estabelecido por um Decreto que recorre a um malabarismo regulatório, para assim procurar coadunar dispositivos de conteúdo local com as restrições existentes a estes expedientes, o regime carece de clareza normativa, o que pode tornar a verificação de sua implementação menos transparente para agentes de controle, sejam eles do Executivo, sejam de outras instâncias de controle. (SCHAPIRO, 2017, p. 451).

[176] Nada obstante o Brasil ter insistido na tese de que a política era destinada ao fomento da inovação tecnológica em setores estratégicos, a OMC caracterizou a política como protecionista, descumprindo-se as restrições previstas nas normas de comércio exterior, e determinou o fim dos subsídios em até 90 dias a contar da publicação em agosto de 2017. A íntegra da decisão da OMC e os detalhes dos questionamentos podem ser consultados no site da organização, e estão disponíveis em: <https://www.wto.org/english/tratop_e/dispu_e/cases_e/ds472_e.htm>. Acesso em: 02 nov. 2017.

legislação que instrumentaliza a política. Uma estrutura normativa adequada deve possibilitar a concretização dos objetivos em maior medida, sobretudo por meio das contrapartidas exigidas. Afinal, são estas que conduzirão a alocação de recursos privados no processo de regulação que caracteriza o fomento estatal.

Em relação ao objetivo de inovação do setor automotivo, por quatro aspectos as normas do Inovar-Auto não parecem ter sido estruturadas de forma a assegurar o objetivo previsto.

O primeiro diz respeito às contrapartidas exigidas e o tipo de inovação estimulado. De acordo com Mesquita et al., inovações de modo geral podem ser *incrementais* ou *radicais*: estas representam rupturas em padrões tecnológicos, enquanto aquelas instituem melhorias em produtos e processos já existentes. Analisando-se o Inovar-Auto, as contrapartidas estimularam apenas inovações incrementais ao não favorecer, por exemplo, a produção de veículos híbridos e elétricos que constituiriam a chave para transformação competitiva radical da produção nacional[177].

De acordo com Schapiro, o Regulamento do Inovar-Auto até contemplava os veículos elétricos e híbridos, mas como a Tabela do IPI previa para eles uma alíquota de 55%, e como era sobre essa alíquota que incidiam os créditos, a conta geral da tributação acabava sendo mais eficiente para investimentos em veículos tradicionais[178].

O segundo aspecto sobre adequação do objetivo de inovação e a legislação do Inovar-Auto diz respeito às contrapartidas para internalização de conhecimento tecnológico e investimento em P&D. Por um lado, ao determinar que parte significativa da produção dos veículos se desse no país, a política estimulou a capacitação local, pois "a atividade inovativa dessa indústria está fortemente relacionada ao conhecimento tácito, derivado de processos de aprendizado e rotinas desenvolvidos internamente às firmas"[179]. Já no que respeita aos investimentos em P&D, quando se determinou às empresas fomentadas escolher duas dentre três formas de investimento, sendo uma delas pesquisa,

[177] (MESQUITA, et al., 2013).
[178] (SCHAPIRO, 2017, p. 451).
[179] (LIMA, 2016, p. 21).

desenvolvimento e inovação, permitiu-se que as beneficiárias não investissem em P&D como a política objetivava.

Isso se refletiu no resultado do Inovar-Auto. Até final de 2015, das dez empresas interessadas em se instalar no Brasil pelo programa, apenas duas – Cherry e Jac Motors – anunciaram investimentos em centros de pesquisa e desenvolvimento no país. Segundo Lima, isso pode estar relacionado ao fato de que, "apesar da tendência recente de aumento dos gastos em pesquisa e desenvolvimento (P&D) fora das matrizes, inclusive nas subsidiárias dos países em desenvolvimento, grande parte dessas atividades e dos registros de patentes mantém-se fortemente concentrada nas matrizes"[180].

Logo, nada obstante o investimento em pesquisa e desenvolvimento ser um dos objetivos centrais do Inovar-Auto, por não se levar em conta quando da estruturação normativa uma característica essencial para a sua realização, permitiu-se que a contrapartida não fosse cumprida ao torná-la opcional.

O terceiro aspecto crítico sobre o objetivo de inovação e a estrutura normativa do Inovar-Auto diz respeito à desconsideração na política das três estratégias de inovação existentes.

Segundo De Negri et al.[181], existem ao menos três diferentes estratégias para gastos das empresas neste sentido: empresas que compram tecnologia e não possuem esforços próprios de P&D (por exemplo, adquirindo licenças, patentes, consultoria); empresas que desenvolvem tecnologia de modo autárquico, com atividade de P&D interno; e empresas que adquirem máquinas e equipamentos com tecnologia avançada (neste caso não há propriamente atividade de inovação). As três estratégias podem ser consideradas quando da criação de uma política de estímulo à inovação no setor automotivo.

Mas os mecanismos utilizados na estruturação do Inovar-Auto não partiram desta premissa, desestimulando a escolha pelos agentes beneficiários pelo investimento em pesquisa e desenvolvimento. Segundo o Decreto n. 7.819/2012, art. 7º, §4º, o aporte de recursos em P&D

[180] (LIMA, 2016, p. 57). A respeito dos fatores que levam as empresas a investir em P&D no país da matriz. (DE NEGRI, 2011, p. 346).

[181] (DE NEGRI, 2011, p. 368).

e inovação consiste apenas em aplicação de capital em pesquisa básica dirigida, pesquisa aplicada, desenvolvimento experimental, serviços de apoio técnico e desenvolvimento de novos dispositivos de segurança veicular. Não foram abrangidas as três estratégias, como por exemplo, gastos com aquisição de licenças e patentes.

E o quarto aspecto envolvendo adequação entre objetivo de inovação e estrutura normativa da política refere-se ao caráter sistêmico dos processos de inovação, igualmente desconsiderado quando da elaboração das normas do Inovar-Auto.

Segundo De Negri et al., "o sucesso das inovações, sua taxa de difusão e os ganhos de produtividade a elas associados dependem de uma ampla variedade de outras influências além dos esforços formais em P&D"[182], influências estas relacionadas com o mercado e outras firmas, o sistema produtivo e de ciência e tecnologia em geral.

Neste sentido, a estrutura normativa do Inovar-Auto considerou a possibilidade de associação entre as empresas fomentadas e universidades, instituições de pesquisa, empresas especializadas e inventores independentes (art. 8º do Dec. n. 7.819/2012). Por meio destas, os beneficiários da política poderiam realizar os investimentos que lhes eram exigidos como contrapartida. Contudo, a regra teve mais a pretensão de permitir estes acordos (para contornar eventual dificuldade das empresas de criar centros de P&D internamente), do que a de estimular propriamente a cooperação entre empresas, fornecedores, clientes e universidades.

Não foram localizados registros de contratos celebrados entre as empresas e instituições que confirmassem o êxito ou fracasso do Inovar-Auto no desenvolvimento destas parcerias. Mas, se as normas da política estimulasses estas parcerias, isso contribuiria inclusive para a maior dispersão de conhecimento local, já que estas instituições localizadas no país teriam ganho de aprendizagem financiado pelas empresas do setor automotivo.

Um aspecto positivo na estruturação normativa do programa diz respeito ao aspecto concorrencial, na medida em que a política de fomento

[182] (DE NEGRI, 2011, p. 370).

não visava a beneficiar um ou alguns agentes do setor. Tal qual estruturados, os requisitos para gozar do incentivo fiscal eram passíveis de preenchimento por qualquer operador econômico, preservando-se *a priori* a igualdade de oportunidade aos agentes que atuam no setor automotivo nacional, inclusive empresas estrangeiras[183].

Mas a definição dos potenciais agentes fomentados não é simples, e deve estar alinhada aos objetivos que se pretende alcançar – nem sempre beneficiar indistintamente os agentes do setor é o que assegurará a preservação da livre concorrência. No caso do Regime Automotivo, os requisitos exigidos dos agentes não eram excludentes, mas a estruturação das contrapartidas acabou privilegiando a situação das empresas montadoras em prejuízo das fornecedoras de autopeças.

Já no Inovar-Auto, foram incluídos como agentes fomentados as empresas comercializadoras de veículos. Mas segundo Schapiro, isso instalava chances significativas de os recursos fiscais favorecerem menos a inovação de empresa produtoras e mais a importação[184]. Um exemplo de como a pretensa manutenção da livre concorrência na estruturação dos requisitos, se não refletida nas regras de contrapartida, pode prejudicar o alcance dos objetivos.

2.2.4 Análise da implementação

Um risco significativo de insucesso na etapa de implementação do Inovar-Auto era a possibilidade de uma decisão da OMC impor o fim dos subsídios antes do término da sua vigência, em dezembro de 2017. Não foi o que ocorreu, já que a decisão foi tornada pública apenas em agosto de 2017, com protocolo de recurso pelo Brasil em setembro, adiando os efeitos da decisão. Mas se a política fosse de longo prazo, era possível

[183] Note que, nada obstante o foco da legislação antitruste ser a atuação dos próprios agentes privados, por meio dos atos de concentração, o Estado também pode contribuir para violação da livre concorrência, sobretudo por meio de regulação econômica. Neste sentido, "a concorrência também pode ser ameaçada pela própria intervenção estatal, violando o "princípio da equidade econômica", que consiste na 'preservação da igualdade de oportunidades dos operadores econômicos, proporcionando-lhes as mesmas condições de concorrência, sem privilegiar nenhum'. (KLEIN, 2003, p. 7).

[184] (SCHAPIRO, 2017, p. 451).

que houvesse número menor de adesão ante a justa expectativa de que investimentos feitos não fossem convertidos em benefícios fiscais, por determinação da OMC.

Fator que impactou na implementação do programa foi a complexidade da estruturação normativa do Inovar-Auto. Segundo Mesquita et al., a política era vista pelas organizações com alguma incerteza devido ao desconhecimento sobre suas regras – segundo pesquisa publicada na revista Automotive Business em 2013, 77% dos profissionais das maiores indústrias do setor entrevistados disseram não conhecer as especificidades do Inovar-Auto.

Ademais, como indicado por Schapiro, da forma como prevista nas normas do Inovar-Auto, a medição dos investimentos pelas empresas fomentadas não era simples[185]. A dificuldade se confirmou em pesquisa. Segundo dado apresentado por Mesquita et al., 60% dos profissionais das empresas do setor automotivo ouvidos em pesquisa alegaram que suas empresas não estariam adequadamente estruturadas para se adaptar ao Inovar-Auto, por não possuir instrumentos capazes de mensurar os investimentos em tecnologia e inovação[186].

Além disso, a ausência de adequação do ambiente institucional previamente ao Inovar-Auto não facilitou a sua implementação. Essa adequação pressupunha conhecimento tecnológico nas empresas, pessoal qualificado e especializado, acesso a recursos e ativos complementares, e até mesmo a convicção de que os consumidores responderiam positivamente às iniciativas de inovação. Segundo Mesquita et al., este fato teria causado resistência das empresas a aderir às mudanças incentivadas[187].

Mas o número de habilitações concedidas, segundo dados disponíveis no site do Ministério do Desenvolvimento, Indústria e Comércio Exterior (MDIC), bem como os números das metas de investimento alcançados (ainda que sem maiores informações sobre), indicam algum êxito do Inovar-Auto em termos de implementação.

185 (SCHAPIRO, 2017. p. 451).
186 (MESQUITA et al., 2013, p. 10).
187 (MESQUITA et al., 2013, p. 10).

Até final do ano de 2017, não foram localizados no site oficial do programa dados relativos a descumprimento de metas e contrapartidas, ou aplicação de sanções que revelasse dificuldades de implementação do programa. O Tribunal de Contas da União ainda não realizado auditoria externa dando acesso a estas informações. A única informação encontrada até então dizia respeito à impossibilidade de a Jac Motors cumprir com o cronograma de construção da fábrica em Camaçari, o que teria levado ao cancelamento de sua habilitação no Inovar-Auto em 2016[188].

O aspecto crítico que se pode observar em termos de implementação diz respeito ao baixo número de renovações de habilitação ou de novas habilitações concedidas a empresas com projetos de investimento a partir do primeiro semestre de 2015[189]. Porém, como não havia, até 2017, informações ou explicações sobre o fato, não se pode concluir que isso tenha derivado de um problema de implementação.

2.2.5 Aspectos do acompanhamento da execução e dos resultados

A importância da etapa de fiscalização e acompanhamento de resultados não é apenas assegurar a correta destinação das verbas públicas repassadas aos agentes fomentados. Mas gerar volume de informações que sejam aproveitadas no planejamento do próprio programa ou de políticas futuras de fomento ao setor.

Para que isso ocorra, é necessário que em especial a verificação de resultados seja devidamente implementada, criando-se estruturas vinculadas à Administração Pública com corpo técnico qualificado para coletar e analisar dados, interagindo com as instâncias de planejamento e estruturação de políticas de fomento.

No Inovar-Auto houve melhora (em relação ao RAB) em termos de instrumentos de fiscalização e acompanhamento de resultados dos

188 Conforme Portaria 153 do Ministério do Desenvolvimento, Indústria e Comércio, publicada no Diário Oficial em 31 de maio de 2016, que cancela a habilitação da empresa no Inovar-Auto. A informação foi divulgada em <http://www.mdic.gov.br/noticias/1494-mdic-cancela-a-habilitacao-de-montadora-no-inovar-auto>. Acesso em: 15 nov. 2017.

189 Informação disponível em: <http://www.mdic.gov.br/images/REPOSITORIO/sdci/InovarAuto/Habilita%C3%A7%C3%B5es_Inovar_Auto_01062017.pdf>. Acesso em: 15 nov. 2017.

benefícios concedidos. Além de medidas de fiscalização *passivas*, que partem da apresentação de informações pelos próprios agentes fomentados, a política instituiu (e aperfeiçoou ao longo da sua implementação) uma estrutura burocrática específica para fiscalização *ativa* dos requisitos e contrapartidas exigidas das empresas beneficiárias.

Quanto às informações a serem prestadas pelos agentes fomentados, o Inovar-Auto exigia a apresentação de relatórios de acompanhamento, trimestralmente (a depender da habilitação) à Secretaria do Desenvolvimento da Produção (SDP), que integrava o Ministério. A partir de 2013 (através da Portaria n. 772), as informações a serem apresentadas foram padronizadas por meio de Memorial, que indicava o que deveria constar do relatório em termos de investimentos realizados.

Mas a verificação das contrapartidas não se limitava à apresentação dos relatórios, como se deu no Regime Automotivo. A partir de 2017, a Secretaria do Desenvolvimento, que recebia estes relatórios e era responsável por coordenar, gerir, fiscalizar e avaliar os incentivos do Inovar-Auto, passou a contar com a ajuda dos Comitês de Auxílio Técnico (CAT), instituídos e regulamentados pela Portaria 68/2017, próprios para verificar os projetos e informações apresentados pelos agentes fomentados.

Ademais, para fiscalizar a execução da política, a Portaria n. 280/2013 instituiu o Sistema de Acompanhamento do Programa Inovar-Auto, a ser implementado pela Agência Brasileira de Desenvolvimento Industrial, ao amparo do Contrato de Gestão firmado com o Ministério do Desenvolvimento. O sistema está disponível na página do Ministério, mas tem acesso restrito aos beneficiários do programa e aos responsáveis pela sua fiscalização. Ele permite dinamizar o processo de envio de informações para controle interno, e seu acompanhamento em tempo real.

Em relação à fiscalização de valores recolhidos pelas empresas como contrapartida em termos de realização de investimentos ao chamado Fundo Nacional de Desenvolvimento Tecnológico e Científico (FNDCT), o mesmo fundo para o qual eram destinadas eventuais multas aplicadas, a Administração Pública criou no bojo do Inovar-Auto uma estrutura para estabelecer diretrizes e acompanhar os resultados dos investimentos deste Fundo. O Comitê Gestor dos Recursos foi criado em 2015, e prestaria apoio técnico e administrativo ao MCTI (vide Portaria n. 5/2015).

Ainda a respeito de estruturas de fiscalização, nada obstante a previsão de que o MDIC deveria verificar os investimentos e requisitos a serem cumpridos pelas empresas fomentadas, o Inovar-Auto instituiu sistema paralelo de acompanhamento, que se daria por intermédio de auditorias realizadas por entidades credenciadas pela União e contratadas pelas empresas beneficiárias (art. 19, parágrafo único, do Decreto n. 7819/2012).

Segundo o TCU, a medida foi positiva tendo em vista que deficiências de pessoal, orçamentárias, de sistemas ou procedimentos poderiam comprometer a fiscalização ativa da política se limitada à estrutura do Ministério. Ademais, por meio da auditoria terceirizou-se em parte o custo de fiscalização para as empresas fomentadas. Mas, de acordo com o Tribunal, isso não isentaria a Administração Pública de verificar o adimplemento das obrigações por parte das empresas, ao menos em segundo nível (ou seja, com base nos resultados das auditorias).

A atuação das auditorias foi regulamentada às vésperas do fim da vigência do programa, em 2017, por meio da Portaria n. 133 do MDIC. Na mesma época, aprovou-se um Manual de Auditoria, que constou (juntamente com o rol de auditoras credenciadas) da página do Ministério. Os relatórios deverão ser apresentados pelas empresas habilitadas até o último dia do semestre subsequente ao término da sua habilitação, podendo-se exigir a apresentação de até dois relatórios de auditoria independente por empresa no decorrer do Programa.

Considerando que algumas empresas não renovaram as habilitações até 2017, conforme apontado no item 2.2.4, a regulamentação tardia do procedimento de auditoria pode ter comprometido a eficácia desta forma de fiscalização que deverá se dar de forma retroativa. Não foram localizadas informações a respeito deste ponto.

Ainda em termos de fiscalização da execução do Inovar-Auto, um aspecto crítico diz respeito à ausência de referência a mecanismos de gestão coordenada entre a SDP, responsável pela gestão da política, e a Secretaria da Receita Federal (SRF), a quem cabe monitorar, e se for o caso cobrar, o recolhimento dos impostos objeto de desoneração.

Enquanto o cumprimento dos requisitos e contrapartidas são apresentados à SDP, a fiscalização da regularidade e cobrança dos tributos recolhidos segue sendo competência da SRF, que só poderá verificar recolhimento maior ou a menor se devidamente informada pela SDP.

A questão é fundamental na etapa de fiscalização para evitar que empresas com habilitação cancelada continuem a se beneficiar do programa ou deixem de recolher os valores de IPI não pagos; bem como para desenvolver mecanismos de controle de quotas de importação e dos valores gerados a título de crédito presumido de IPI[190]. Nada obstante, a legislação do Inovar-Auto não trata da coordenação de informações entre as Secretarias.

A falha legislativa se aproxima do problema de ausência de *planejamento estratégico* (descrito pelo TCU), que diz respeito à necessidade de se adaptar a estrutura dos órgãos de controle interno para execução das políticas de fomento. Não basta apenas instituir leis concedendo benefícios e atribuindo competências a órgãos do Executivo para que a política de fomento seja bem executada. Fazer apenas isso instala o risco de que os gestores se limitem "a executar o disposto nas leis sem se comprometer com resultados ou sem mensurar os efeitos e consequências de cada aspecto da gestão da política para o desenvolvimento técnico-econômico do país. Essa situação se relaciona com a ausência de mecanismos de avaliação de resultados e impactos socioeconômicos"[191].

É preciso, pois, internalizar os objetivos da política nos órgãos de controle interno e gestão, coordenando suas ações aos objetivos da política de fomento – o que, segundo o próprio TCU, não teria ocorrido no Inovar-Auto.

Por fim, quanto ao acompanhamento dos resultados do Inovar-Auto, o Decreto n. 7.819/2012 instituiu o Grupo de Acompanhamento composto por representantes dos três Ministérios envolvidos com a execução da política de fomento – MF; MDIC; e MCTI. Este Grupo deveria definir

[190] Estes aspectos foram suscitados pelo TCU na avaliação de políticas públicas de incentivos fiscais, também por meio do Acórdão n. 1905/2014 – Plenário, Processo Relatório de Levantamento RL n. 015.436/2013-6, relator Min. Augusto Sherman, p. 45.

[191] Acórdão n. 1905/2014 – Plenário, Processo Relatório de Levantamento RL n. 015.436/2013-6, relator Min. Augusto Sherman, p. 37-38.

os critérios de monitoramento dos impactos do programa, contendo indicadores relativos à produção, emprego, investimento, inovação, preço e agregação de valor. No Regime Automotivo, não havia nem sequer a referência à necessidade de os órgãos de gestão da política verificarem seus impactos e resultados.

A criação do Grupo para estes fins é relevante e destacou-se das demais políticas de fomento financeiro no que respeita ao acompanhamento de resultados e dos impactos, de acordo com o TCU[192]. Porém, não foram localizadas informações no site dos Ministérios acerca das atividades deste Grupo e dos resultados obtidos.

2.4 Considerações acerca do estudo

Conforme indicado ao início do Capítulo, o escopo da análise foi averiguar se a função administrativa de fomento financeiro vem sendo exercida, em termos procedimentais, de acordo com os parâmetros jurídicos existentes, identificando-se ausência de juridicidade nas etapas de planejamento, estruturação, implementação e governança.

A partir do contraste dos elementos teóricos do fomento estatal financeiro (indicados no Capítulo 1) e da análise crítica da prática do fomento financeiro destinado ao setor automotivo (Capítulo 2), verifica-se que em grande medida a resposta é negativa.

Isso não significa que as críticas feitas nos tópicos 2.2 e 2.3 sejam extensíveis a todas as políticas de fomento financeiro no Brasil – o que demandaria análise caso a caso. Tampouco a irrelevância das políticas de estímulo ao setor. Porém, ratificam a preocupação sobre o tema do controle interno e *accountability* do fomento público, aqui postos em termos de procedimento e governança.

Nada obstante verificar-se que houve aperfeiçoamento entre a política de incentivo dos anos 90 (Regime Automotivo) e o Inovar-Auto, de 2012 em todas as quatro etapas da função do fomento descritas no

[192] Neste sentido, vide o Acórdão n. 1905/2014 – Plenário, Processo Relatório de Levantamento RL n. 015.436/2013-6, relator Min. Augusto Sherman, p. 38; 41.

item 1.4, nos dois casos foram identificados problemas de planejamento, estruturação normativa, implementação e fiscalização e acompanhamento de resultados.

Em relação ao planejamento, os principais pontos críticos são: ausência de coordenação entre a política de fomento e políticas econômicas (ou outras políticas públicas); ausência de coordenação com políticas de fomento estaduais e municipais; pouca ou nenhuma indicação de dados do setor ou de diagnósticos que embasem as escolhas administrativas – como setor beneficiado, objetivos pretendidos, duração dos benefícios, os instrumentos utilizados e potencial do setor para alcançar os objetivos; ausência de análise de impacto das medidas de fomento antes da sua implementação (gerando problemas de eficiência); e pouca interação com entidades públicas e privadas que auxiliem tanto na análise de dados quanto de impactos das medidas de fomento, dando-lhe maior legitimidade.

Nos casos em que se mencionou algum dado (Inovar-Auto), não foi feita qualquer referência à fonte ou à pesquisa utilizada. Logo, os documentos que tinham a pretensão de expor os motivos da política de fomento não serviram ao propósito, demonstrando vício de motivação ou de publicidade.

Quanto à etapa de estruturação normativa, constatou-se os seguintes problemas de juridicidade: o instrumento legislativo utilizado em ambos os casos (Medida Provisória) não é o mais adequado ao exercício da função de fomento; há dispersão legislativa de medidas de incentivo a um mesmo setor, em paralelo às políticas já instituídas para tanto, o que prejudica a transparência da atuação administrativa, a sua eficácia e o controle tanto do montante de recursos públicos envolvidos como de seus resultados; não são observadas as regras de comércio internacional; e há descompasso entre os objetivos atribuídos às políticas de fomento e as respectivas regras estruturadas por meio da legislação – em grande parte por ausência de estudos e diagnósticos sobre o setor.

Os problemas de implementação identificados podem ser associados à falta de planejamento, a problemas na estruturação normativa ou à falha de fiscalização.

Em relação à falta de planejamento, a existência de políticas paralelas com objetivos distintos (como o Regime Automotivo Especial e o Geral) ou de políticas paralelas descoordenadas entre diferentes entes da federação, tende a reduzir a adesão à política de fomento. Quanto à estrutura normativa, a ausência de clareza das contrapartidas ou a sua complexidade podem inibir a participação dos agentes privados. Já a ausência de fiscalização ativa pelo Poder Público durante a execução da política de fomento acentua o risco de descumprimento das contrapartidas, ou ao menos impede que se detecte em tempo e implementem-se medidas para assegurar o êxito do programa.

Ainda sobre esta etapa, identificou-se a falta de transparência por parte da Administração Pública em divulgar os dados relativos à implementação do incentivo (como número de adesões, cumprimento de contrapartidas, sanções aplicadas, entre outros).

Por fim, quanto à etapa de fiscalização e acompanhamento de resultados, os pontos mais sensíveis dizem respeito a: inexistência de estruturas específicas para realizar estas atividades ou demora na sua estruturação, impedindo ou adiando a atuação; despreparo e ausência de coordenação das entidades envolvidas na fiscalização; ausência de controle de resultados durante e após o término das políticas de fomento e/ou ausência de transparência e publicidade da fiscalização e controle de resultados.

Por exemplo, a legislação do Inovar-Auto instituiu estrutura específica para assegurar seu cumprimento em três frentes – o que não havia no Regime Automotivo. Eram estas o CAT e as auditorias independentes; o Comitê Gestor do FNDTC; e o Grupo de Acompanhamento.

Nada obstante, não há nos sites dos Ministérios responsáveis registro a respeito do resultado das fiscalizações do CAT e das auditorias. Também não é possível consultar os relatórios enviados pelas empresas beneficiárias ou identificar seu envio, nem acessar o sistema de acompanhamento *online*, restrito a empresas e ao Poder Público. Quanto às informações de metas previstas e realizadas, indicadas no site do MDIC, não são referenciadas com dados e números que lhes confiram credibilidade.

Todos estes pontos conduzem à necessidade e relevância de se estudar mecanismos jurídicos para exercício da atividade de fomento público, assim entendidos como parâmetros jurídicos que orientem o planejamento, a estruturação, a implementação e a governança da função.

3. PLANEJAMENTO, ESTRUTURAÇÃO, IMPLEMENTAÇÃO E GOVERNANÇA NO FOMENTO PÚBLICO FINANCEIRO

A análise teórica da função de fomento público financeiro descrita no Capítulo 1 indica que há uma série de parâmetros jurídicos aplicáveis ao seu exercício. E isso tanto por se tratar de atividade administrativa (submetendo-se, portanto, às normas gerais da Administração Pública), como por envolver instrumentos utilizados no desempenho de outras funções estatais (tributários, financeiros e orçamentários), os quais, por isso, já possuem um regime jurídico específico que também se aplica – em alguma medida – quando utilizados para fins de fomento.

Não há, contudo, legislação sistematizando, a partir daqueles parâmetros, o uso destes instrumentos pela Administração no exercício do fomento público. A sistematização desta função é antes teórica (em doutrina e órgãos de controle) do que prática (por lei).[193] E a isso pode-se atribuir, em parte, a sua ineficácia[194] (i.e., pouco ou nenhum impacto

[193] Isto pode ser atribuído tanto à multiplicidade de instrumentos de fomento, com as mais diversas características, quanto à sua amplitude e heterogeneidade, que dificultam a definição de um regime jurídico único e, inclusive, o estudo acadêmico do tema. Sobre a dificuldade de se legislar a respeito do fomento público, de la Riva cita, ainda, três aspectos: a) a racionalidade do fomento público, de favorecimento aos privados, destoa do binômio *autoridade-liberdade* típico do Direito Público; b) a tênue linha de separação entre o jurídico e o político/econômico no fomento público; e c) o caráter discricionário da função, que durante muito tempo foi um mito para legisladores e administrativistas em termos de possibilidade de controle. (DE LA RIVA, 2005, p. 415).

[194] Ineficácia esta que já vem sendo apontadas em acórdãos do TCU sobre o tema, e que foi atestada em pesquisa realizada pelo Banco Mundial acerca dos gastos públicos no Brasil, e que no que toca especificamente às políticas de fomento ao setor privado, indicou que "apenas alguns tipos de programas foram associados com aumentos estatisticamente significativos na produtividade da empresa e ainda menos programas com aumentos de grande magnitude, donde se concluiu que a escassez de impactos positivos implicaria a necessária revisão do escopo, do design e do monitoramento dos programas de fomento no Brasil. (BANCO MUNDIAL, 2017).

positivo do fomento face ao montante de recurso público utilizado) ou o uso inadequado dos seus espaços de discricionariedade, convertendo-se a função de estímulo em arbitrariedade e concessão de privilégios[195].

Eis a relevância de atribuir algum grau de densidade normativa aos parâmetros jurídicos gerais da atividade administrativa com vistas ao exercício do fomento, organizando um modelo de planejamento, estruturação, implementação e governança que oriente a tomada de decisões pelo Poder Executivo relacionadas ao tema.

Isso passa pela concepção de que o fomento é forma de *regulação* estatal, que se coaduna em maior medida com os objetivos do Estado quando compreendido no contexto de *políticas públicas* devidamente planejadas. Ademais, parte das normas constitucionais e legais aplicáveis à Administração Pública.

Da perspectiva da regulação extrai-se a conclusão de que o exercício do fomento não se limita a juízos de *conveniência* e *oportunidade,* a partir de autorização legislativa que deixa margem para escolhas discricionárias. Ele demanda propriamente o que Sergio Guerra denomina de *reflexividade* nas escolhas públicas regulatórias, pois se trata de atuação estatal sobre decisões e ações econômicas privadas. Significa que as escolhas envolvidas no fomento devem ser *adequadas, necessárias* e *proporcionais,* tomadas com base em "dados, custos e benefícios, fundamentos técnicos e científicos que visem a atender ao interesse público substantivo"[196].

[195] A discricionariedade está associada ao número de escolhas administrativas a serem feitas pela Administração, sobretudo, na etapa inicial do fomento, qual seja, o planejamento – que nas palavras de Moreira Neto, lhe serve de "fundamento racionalizador". (MOREIRA NETO, 2009, p. 587). E tanto é mal utilizado na prática essa margem de discricionariedade que alguns autores, segundo Mendonça (2010, p. 161), chegam a compreender o fomento como atividade vinculada na "esperança de reduzir sua malversação".

[196] (GUERRA, 2015, p. 368). Esta mudança no processo de tomada de decisões administrativas é o que explica, para o autor, porque as chamadas escolhas regulatórias não seriam *discricionárias,* mas *reflexivas.* Esta reflexividade significa que o regulador "deve deixar de fazer suas escolhas com base no que entende ser, em sua ótica, *conveniente e oportuno,* encarando a situação (o *caso concreto*) em si mesma, sistemática e transparentemente, ao longo de uma interpretação analítica e empírica, para além de suas experiências pessoais, de difícil – se não impossível – sindicabilidade por terceiros". (GUERRA, 2015, p. 374).

Do ponto de vista da política pública extrai-se a concepção de que os instrumentos de fomento cumprem em maior medida sua função quando inseridos no quadro de ação governamental ampla[197], envolvendo decisões políticas, econômicas e sociais voltadas ao desenvolvimento, mas orientadas a partir de parâmetros jurídicos (método) que marcam desde a sua concepção até o seu controle. São justamente as etapas de planejamento, estruturação, implementação, e fiscalização e controle de resultados. Tanto quanto qualquer política pública, as medidas de fomento devem ser definidas a partir de trâmites processuais e requisitos procedimentais (planejamento); instituídas por meio de normas jurídicas (sua estruturação); implementadas a partir de órgãos e entidades criados através de normas (implementação); e controladas a partir de parâmetros jurídicos (fiscalização e acompanhamento de resultados), afinal, nada obstante seu conteúdo seja político-econômico, "o sucesso da ação governamental, tanto no plano normativo como no fático, parece estar de algum modo conectado ao direito e a variáveis com ele relacionadas"[198].

Considerando-se estes atributos do fomento público enquanto regulação, por meio de política pública, somados à análise das normas constitucionais e legais aplicáveis à Administração (referidos acima), conclui-se que, desde o planejamento prévio até o acompanhamento de resultados, uma política de fomento constitucionalmente adequada deve ser desempenhada de acordo com o regime jurídico administrativo, sendo orientada pelos princípios da *eficiência*, *proporcionalidade*, *isonomia*, *objetividade*, *motivação*, *livre concorrência*, *legalidade* e *publicidade*,

[197] Mais uma vez, é a diferenciação que Schapiro (2017, p. 439-440) faz entre a atuação estatal *pastora* (que corrige falhas de mercado ou sistêmica) ou *parteira*, que estimula inovações, promove novos setores ou "novas competências econômicas nos setores existentes". Veja que segundo Oliveira (2015, p. 43), no cenário brasileiro marcado por profunda desigualdade social, a regulação não pode ter como propósito apenas corrigir falhas de mercado, mas também garantir a efetividade dos direitos fundamentais, o que inclui o papel redistributivo no cenário econômico, com foco na redução das desigualdades regionais. O raciocínio se estende às políticas de fomento tal qual compreendidas nesta pesquisa.

[198] Neste sentido é que Sundfeld e Rosilho (2014, p. 47-50) concluem que a discussão de políticas públicas deve cada vez mais incorporar o elemento jurídico; e o direito, por sua vez, deve incluir as políticas públicas no seu debate. Trata-se de interpelação que, segundo os autores, pode definir o êxito das políticas públicas.

cujo sentido e alcance será compreendido e especificado em cada etapa que compõe o processo de execução da política de fomento, a seguir descritas.

Na medida do possível, isso será feito sem adentrar ao mérito econômico-político[199], em sentido estrito, das escolhas administrativas que constituem o exercício do fomento público – o propósito é antes sistematizar o processo para tomada destas escolhas, identificando de que forma o ordenamento jurídico traz elementos para orientar a tomada de decisões pelo Poder Executivo[200].

A dificuldade disso é que por trás do desenho deste procedimento está a compreensão acerca da finalidade e dos limites constitucionais da função de fomento, que revela, em alguma medida, posicionamento a respeito do próprio papel do Estado na economia. Por isso, a interpretação dos parâmetros jurídicos para políticas de fomento, ainda que limitada à sua forma de execução, não é neutra.

Ademais, os parâmetros a seguir descritos podem ser mais ou menos utilizados no exercício do fomento público, a depender do espaço deixado em cada caso pela Lei que institui a autorização ao Executivo para exercício do fomento. Políticas de fomento instituídas por meio de leis mais genéricas darão espaço para maior atuação administrativa e às escolhas que daí decorrem. Do contrário, quanto mais elementos da política de fomento forem descritos na autorização legislativa, menores os espaços para escolhas administrativas, de modo que a sua execução

[199] Afinal, segundo Bercovici (2015, p. 20), não pode haver atuação estatal sem planejamento, e este planejamento (que vai além do orçamento) não é neutro. Qualquer planejamento (incluindo-se aqui as políticas de fomento) será sempre *expressão da política geral do Estado*: "Não existe planejamento neutro, pois se trata de uma escolha entre várias possibilidades, escolha guiada por valores políticos e ideológicos, consagrados, no caso brasileiro, no texto constitucional (...) embora tenha conteúdo técnico, é um processo político". Eis porque há de se ter cautela quando da análise dos parâmetros jurídicos para exercício do fomento público.

[200] Até porque o estabelecimento prévio por meio de normas do mérito das escolhas públicas de fomento, relacionadas a aspectos econômicos e políticos, se não impossível, poderia anular os espaços de reflexividade fundamentais para o desempenho da função (adequando-a aos propósitos políticos e às necessidades e especificidades do contexto socioeconômico). Eis a razão pela qual, segundo Ariño Ortiz (2004, p. 373), "a submissão ao Direito da atividade de fomento deve realizar-se por intermédio do *procedimento* e do *órgão gestor*". Em sentido contrário, Mendonça (2010, p. 167) entende que é possível, ainda que complicado, controlar os aspectos materiais do fomento público.

será limitada aos planos iniciais da ação governamental (que servem de base para os atos legislativos) e à implementação, fiscalização e acompanhamento de resultados (com foco para governança).

Na medida em que a amplitude da função administrativa de fomento só será definida no caso concreto, a análise que se segue parte da premissa de que a autorização legislativa é genérica, deixando ampla margem para escolhas administrativas no exercício do fomento público. A atividade, nestes casos, envolverá planejamento prévio às escolhas a serem realizadas, a estruturação de normas de maior densidade face à lei, e só então a sua execução propriamente dita (isto é, a implementação e os atos de governança relacionados à fiscalização e ao acompanhamento de resultados).

3.1 A etapa de planejamento

O planejamento é a etapa inicial, imprescindível, por meio da qual a Administração decide estabelecer medidas de incentivo ao setor privado, pois é neste momento que se estabelece a estratégia de atuação estatal. Nela se identificam as necessidades, os objetivos e as metas a serem alcançados com vistas ao interesse público. Estabelecem-se então as diretrizes que orientarão o conjunto de ações a serem adotadas para, suprindo aquelas necessidades, alcançar os referidos objetivos.

Segundo Moreira Neto, o planejamento é o "fundamento racionalizador" do exercício da função administrativa de fomento público[201], que coordena e orienta a execução das medidas da Administração Pública, evitando desvio de poder.

Considerando-se os instrumentos de fomento como técnica para implementação de políticas públicas de desenvolvimento socioeconômico, o planejamento ganha maior relevância na medida em que trabalha com objetivos realizáveis em médio e longo prazo, que não podem ser criados de forma improvisada. É no planejamento que se evita em grande medida, portanto, que o fomento público seja reduzido a auxílios

[201] (MOREIRA NETO, 2009, p. 516).

pontuais e despropositados ao setor privado – como vem ocorrendo no Brasil:

> Chega a ser um lugar-comum a afirmação de que o Brasil não dispõe de tradição em políticas públicas estáveis, compreendidas como o planejamento em longo prazo das ações estatais de estrutura. Embora seja maçante essa repetição, fato é que não se deu a consolidação funcional na ação do Estado para o desenvolvimento do País. O que desde sempre ocorreu foram medidas ad hoc, premidas pelos prazos das eleições. Situação hoje agravada pelos conflitos de personalidade entre os poderes constituídos (o executivo a legislar "provisoriamente", o judiciário a estabelecer políticas públicas e a legislar, o legislativo a julgar e a implementar as leis criadas pelo executivo). (...) Mas infelizmente a compreensão hodierna do que vem a ser política brasileira de desenvolvimento acaba por se tornar circunscrita a "subsídios tributários" e "guerras fiscais" entre os Estados-Membros. São escassos os exemplos históricos quanto a políticas de desenvolvimento em sentido próprio, sobretudo se examinados em termos de consistência para o longo prazo e seus balanços finais[202].

Para evitar que a função de fomento se reduza, portanto, a auxílios conjunturais (agravados em alguns casos por interesses eleitorais), e tenha o real propósito de desenvolvimento – em atenção ao princípio da ordem econômica descrito no art. 170, VII, da CF – é que a etapa de planejamento se torna necessária. Ela decorre, pois, da associação do fomento financeiro ao propósito de desenvolver de forma sustentável atividades ou regiões, ou criar competências para a iniciativa privada, o que só ocorre com decisões objeto de pesquisa e reflexão pelo administrador.

Segundo Gordillo, citado por Mello, a etapa de planejamento que antecede a execução do fomento pressupõe quando menos quatro elementos: a) análise crítica da situação global; b) previsão de evolução futura, com projeções e a evolução socioeconômica; c) determinação

[202] (MOREIRA, 2008, p. 539-540).

de objetivos concretos, adequados às previsões feitas; e d) descrição dos meios que serão utilizados para alcançar os fins previstos[203].

O planejamento consiste, portanto, e em síntese, na definição de *objetivos* e na escolha dos *meios* aptos a realizá-los, e na fundamentação que justifica a seleção dos meios e dos fins. Todo o procedimento a ser seguido na etapa de planejamento deve pretender que os instrumentos sejam os mais aptos a, com um menor custo, atender em maior medida os objetivos definidos[204]. Esta é a essência do princípio da eficiência no fomento público (art. 37, *caput*), que passa pelo juízo de economicidade e proporcionalidade na escolha dos instrumentos.

Por outro lado, essa etapa também atende ao princípio da motivação a que se submetem as escolhas administrativas (art. 2º, *caput*, da Lei 9.784/1999), pois é o planejamento que justifica e expõe os motivos pelos quais determinados recursos públicos serão destinados a alguns agentes privados – o que envolve em maior ou menor grau (a depender das escolhas legislativas prévias) a definição pelo administrador de elementos relativos aos destinatários e objeto do fomento, às contrapartidas exigidas, aos meios de fomento a serem utilizados com vistas a realizar determinados fins eleitos. Motivação que já é imposta a todas as decisões Administração Pública, mas ganha ênfase nas políticas de fomento, que tem como caractere essencial a seletividade (isto é, a instituição de descrímen entre agentes de um setor que competem entre si, entre setores ou entre regiões do país, para recebimento de recurso público a serem por si aplicados em atividades econômicas).

203 (GORDILLO, 1973 *apud* MELLO, 2003, p. 61-62).

204 Partindo da premissa de que os objetivos serão definidos na etapa legislativa das políticas de fomento, a escolha administrativa dos instrumentos seria orientada então por uma *análise de custo-efetividade* (ACE). Analisando-se este método a partir da teoria da regulação, Oliveira (2015, p. 275) assim define este método: "a ACE [análise do custo-efetividade] pressupõe decisão prévia, legislativa e/ou administrativa, quanto aos resultados da regulação. De acordo com Scott H. Jacobs, enquanto a ACB [análise do custo-benefício] ajuda o Governo a decidir "o que fazer" (*what to do*), a ACE auxili a resolver "como fazer" (*how to do*). (...) A vantagem da ACE é evitar a discussão em torno da escolha do melhor benefício da regulação quando estão em jogo benefícios diversos que não são passíveis de monetarização, dificuldade encontrada na metodologia anterior (ACB). A análise, portanto, é centralizada nos custos, devendo ser eleita à medida que alcança o benefício predeterminado com o menor custo possível".

Para que o fomento público financeiro cumpra estes dois parâmetros de eficiência e motivação, há quando menos cinco requisitos procedimentais que a etapa de planejamento deve atender, considerando-se as teorias relativas a regulação e a políticas públicas.

3.1.1 Coordenação com o planejamento global do Estado

O fomento é uma das funções administrativas por meio da qual a Administração Pública visa a cumprir os objetivos previstos na CF. E mesmo quando o faça selecionando um setor ou agente específico, ele estará inserido em contexto mais amplo de atuação estatal na economia. É neste sentido que, segundo Gordillo, quando do planejamento de medidas de fomento financeiro é necessário que elas sejam coordenadas com a diretriz global da ação governamental.[205]

Este planejamento global tem início no próprio Poder Executivo, por meio da apresentação dos chamados Planos de Governo, que não se limitam, mas incluem, elementos financeiro-orçamentários – já que implicam dispêndio de recursos públicos.

Por meio dos Planos Plurianuais, previstos no art. 165, § 1º, da CF, o Executivo submete ao legislativo projeto contendo "de forma regionalizada, as diretrizes, objetivos e metas da administração pública federal para as despesas de capital e outras delas decorrentes e para as relativas aos programas de duração continuada", para um prazo de quatro anos. A partir daí todos os planos e programas de ação específicos desenvolvidos pelo Executivo a partir da CF (nacionais, regionais e setoriais, incluindo as políticas de aplicação das agências de fomento) deverão ser elaborados em consonância com o Plano Plurianual e apreciados pelo Congresso (art. 165, §§2º e 4º da CF).

Estes atos de planejamento global devem conter as orientações iniciais das políticas de fomento. Enquanto plano de ação macro, a partir das diretrizes lá estabelecidas deverão ser planejadas as medidas específicas de estímulo ao setor privado, em perspectiva integrada. Medidas

[205] É o elemento denominado por Gordillo (1973 *apud* MELLO, 2003, p. 61) de análise crítica da *situação global* em que a medida de fomento será implementada.

estas que posteriormente serão estruturadas através de lei (princípio da legalidade) e *densificadas* por escolhas administrativas, que especificarão o conteúdo dos elementos da política de fomento (destinatário, objeto, instrumentos, contrapartidas, sanções, prazo...).

Este planejamento integrado da ação governamental que antecede a estruturação legislativa do fomento público, é indispensável na medida em que, quando não executada ou mal executada, impacta na sua implementação. Quando os objetivos de uma política de incentivo são incongruentes com a política global do Estado ou com outras políticas públicas, dificilmente alcançarão os resultados que dele se espera, ou não serão tão eficientes como poderiam ser (por mais adequado que seja o processo administrativo de implementação das medidas e a escolha dos meios).

Neste sentido, ao aprovar – em parceria com a Organização para a Cooperação e Desenvolvimento Econômico (OCDE) – o Referencial para Governança do Centro de Governo (isto é, a estrutura administrativa de instituições centrais que servem ao Executivo, fundamentais para coerência das políticas públicas), o TCU concluiu que

> não se admite mais que o governo trabalhe em silo, sendo imprescindível a garantia de coerência do conjunto de governo e suas políticas públicas e programas, e de coordenação entre as partes interessadas envolvidas nos processos de políticas públicas. O aprofundamento da complexidade dos problemas requer dos órgãos governamentais uma visão mais ampla do governo, com a combinação de todas as ações governamentais, para que os problemas sejam combatidos com todo o aparato estatal (*whole-of--government approach*).[206]

Daí porque, mesmo que algumas políticas de fomento não sejam planejadas quando da elaboração dos Planos de Governo (o que facilitaria a coordenação global), mas surjam a partir de necessidades identificadas pela Administração Pública ao longo da sua execução, é fundamental

[206] Acórdão n. 2.970/2015 – Plenário, Relator Min. Raimundo Carreiro, Processo n. 9.926/2015-1, sessão de 18.11.2015, p. 9

que se volte ao planejamento global vigente. Isso evitará a definição de objetivos contraditórios, que se anulem e comprometam a eficiência das medidas. Segundo Souto, trata-se de requisito de legitimidade das políticas de fomento[207].

Daí que esta coordenação entre fomento e plano global de ação governamental implica quando menos três elementos a serem considerados quando do planejamento da política de fomento financeiro, visando a sua eficiência: a) coordenação com a política macroeconômica do Governo (incluindo políticas fiscal, monetária, cambial[208]); b) coordenação com outras políticas públicas; e c) coordenação com outras políticas de fomento.

Primeiramente, as políticas de fomento financeiro não podem, sob o pretexto de estimular o desenvolvimento e o alcance de objetivos públicos por meio de atividades econômicas, acentuar ou contribuir para crise fiscal. Trata-se do princípio da responsividade. Há que se planejar as medidas de incentivo financeiro ao setor privado a partir dos recursos efetivamente disponíveis para tanto. O fomento deve oscilar, pois, entre o dispêndio irresponsável de recursos e a pretensão de retorno financeiro (afinal, objetivo público do fomento não pode ter como foco a mera lucratividade para o poder Público – o efeito primordial esperado reverte-se em prol da sociedade[209]).

[207] (SOUTO, 2000, p. 74).

[208] Neste sentido, Bresser-Pereira, Nassif e Feijó (2016) já indicaram que a política macroeconômica é essencial para o êxito, por exemplo, de políticas industriais que visem a mudança estrutural e *catching up*: "uma política macroeconômica fundada em manter "certos" os cinco preços macroeconômicos e orientada simultaneamente para o desenvolvimento e para a estabilidade dos indicadores domésticos e externos da economia sempre foi peça integrante fundamental para assegurar os resultados positivos almejados pela política industrial, em especial, a mudança e diversificação da estrutura produtiva, o aumento da produtividade absoluta e relativa e o aumento da participação na cesta de produtos exportados de bens de maior sofisticação tecnológica e elevada elasticidade-renda da demanda no longo prazo. (...) Nenhuma política industrial conseguirá ser bem-sucedida no objetivo de promover a mudança estrutural e o processo de *catching up* se aqueles preços macroeconômicos (inflação, taxa de juros real, taxa de câmbio real e taxa de salários reais) não estiverem em seus níveis corretos.

[209] A questão ganha ênfase na concessão de benefícios creditícios, na medida em que o fomento é implementado por instituições financeiras. Nesse caso, segundo Moccia (2015, p. 279-288), o lucro e a distribuição de dividendos, ainda que não a finalidade precípua das instituições ao executar medidas de fomento, seriam parâmetro para avaliação do êxito das medidas, devendo ser revertidos para ampliar o volume de financiamentos concedidos para fins de desenvolvimento socioeconômico.

Por outro lado, medidas de fomento podem visar a estimular o consumo interno de determinados produtos e serviços (estímulo à demanda) ou o aumento do volume de exportações com foco na balança comercial. Nestes casos, elementos de política monetária e cambial serão fundamentais para a eficiência dos objetivos que se pretende alcançar – ou o fomento irá na contramão da política econômica do Estado, demandando volume maior de recursos públicos para conseguir atingir algum resultado – quando as condições econômicas criadas pelo próprio Estado não lhes favorecem.

Da mesma forma, ainda que uma medida de fomento com foco em desenvolvimento socioeconômico tenha objetivos bem definidos e instrumentos a eles alinhados, dificilmente alcançará êxito se não estiver coordenada com outras políticas públicas, cujos objetivos venham a convergir com a medida de fomento, potencializando seus resultados. Por exemplo, projeto de estímulo à inovação tende a alcançar resultados melhores em termos de geração de empregos quando acompanhada de políticas públicas na área de educação e capacitação profissional (afinal, a inovação tende a eliminar trabalhos menos complexos e exigir mão de obra mais qualificada). Da mesma forma, o aperfeiçoamento da regulamentação relativa à propriedade intelectual favorece investimentos privados em inovação quando em paralelo com medidas que fomentem a pesquisa e o desenvolvimento científico e tecnológico. Os setores são muitas vezes interdependentes.

Por fim, quando do planejamento de medidas de fomento financeiro (a agentes, atividades, setores econômicos ou regiões) a Administração Pública deve considerar o conjunto de incentivos já existentes, destinados ou não àqueles agentes, setores, atividades ou regiões. Tanto para evitar medidas contraditórias, como que sejam instituídas políticas com objetivos sobrepostos que dificultem posteriormente o controle de resultados. No primeiro caso, criando incentivos industriais que estimulem o aumento da produção a qualquer custo (com externalidades ambientais negativas) e medidas de proteção ao meio ambiente, com redução da poluição industrial); no segundo caso, desenvolvendo políticas ao setor automotivo por meio de desonerações tributárias em paralelo a políticas de crédito para consumo de veículos automotivos (medidas sobrepostas) – como a Administração poderá medir o impacto de cada uma destas para aumento das vendas, ou a sociedade controlar o volume de recursos financeiros destinados, ao final, aos beneficiários da medida?

Em síntese, medidas alinhadas (em contexto global) tendem a potencializar o alcance dos seus objetivos – elas se complementam estrategicamente –, da mesma forma que, quando descoordenadas, tendem a anular ou a tornar ineficazes os estímulos financeiros realizados pelo Estado. E para que haja a coordenação nestas três dimensões (das mais gerais às mais específicas), é necessário que haja instâncias decisórias articuladas pela Administração Pública para definição das diretrizes que orientarão as ações dos órgãos e entidade que lhe integram, antes mesmo da estruturação normativa do fomento.

O projeto de governança na esfera federal trouxe alguns elementos que auxiliam neste sentido. Por exemplo, ao estabelecer como *diretriz* para a Administração federal a avaliação prévia de propostas de criação, expansão ou aperfeiçoamento de políticas públicas e de concessão de incentivos fiscais (art. 4º, VII do Dec. 9.203/2017); como *mecanismo* a necessidade de *estratégia* entre organizações e partes interessadas, definindo-se diretrizes, objetivos, planos e ações, bem como critérios de *prioridade* e *alinhamento* para obtenção dos resultados pretendidos; e em especial ao instituir o chamado Comitê Interministerial de Governança (CIG), composto de Ministros de Estado (e eventualmente por representantes de outros órgãos e entidades), ao qual compete, dentre outros, aprovar recomendações para garantir coerência e coordenação dos programas e políticas de governança.

É um primeiro passo na busca de articulação entre órgão e entidades da Administração para planejamento (por enquanto, de políticas de governança em geral), desenvolvendo a racionalidade de coordenação e colaboração entre instâncias decisórias especializadas, necessária ao aperfeiçoamento das políticas de fomento.

3.1.2 Coordenação com políticas de incentivos de outros entes da federação

Este elemento de coordenação é um dos mais sensíveis considerando a forma de Estado no Brasil – federativo, com autonomia à União, aos Estados e Distrito Federal, e os Municípios, nos termos do art. 18, caput, da CF. Isso atribui a cada uma destas esferas a capacidade de gerir seus sistemas tributário e orçamentário, levando em conta as normas de competência previstas na CF – a que o TCU se refere como *Federalismo Fiscal*[210].

Daí que, considerando que os instrumentos financeiros utilizados para exercício da função de fomento decorrem em grande medida de elementos tributários e financeiro-orçamentário, cada ente tem competência para instituir políticas de fomento de forma autônoma. Contudo, e como exemplificado a partir dos incentivos ao setor automotivo, é possível que medidas de fomento financeiro federais, estaduais ou municipais estabeleçam estímulo ao setor privado cujos objetivos colidam, anulando-se ou incrementando seu custo. Isto fica mais evidente quando uma política federal de estímulo regional, para atrair investimentos privados em determinados locais e reduzir desigualdades regionais, tem como efeito incitar os Estados e Municípios não beneficiados a instituir políticas de fomento financeiro como reação, podendo anular os incentivos federais.

Se até hoje o foco das chamadas guerras fiscais foi a relação dos Estados entre si com o Distrito Federal, com foco para o uso extrafiscal do ICMS (que desde 1975 conta com uma instância específica de deliberação – o CONFAZ) há que se considerar a ampliação do fórum de debate e coordenação entre as três esferas da federação também no que respeita à instituição de fomento público financeiro, ampliando-se a diretriz do art. 155, §2º, XII, g, da CF.

[210] Para o TCU, um efetivo federalismos fiscal demanda mais harmonização e menos concorrência de impostos entre os membros da Federação, garantindo autonomia entre estados e municípios, mas contribuindo também para a diminuição das desigualdades regionais e locais. Neste sentido, vide o Acórdão 1.338/2014, rel. Ministro Raimundo Carreiro, Processo n. 005.956/2014-5, sessão de 28.5.2014, p. 33-34.

Este dispositivo já previa a edição de Lei Complementar para "regular a forma como, mediante deliberação dos Estados e do Distrito Federal, isenções, incentivos e benefícios fiscais devem ser concedidos e revogados" – o que, em grande medida, foi implementado pelas Leis n. 24/1975 e n. 106/2017. Mas ignorou a coordenação das medidas de fomento entre os entes, fato que pode impactar na eficiência dos instrumentos. E a etapa de planejamento é o momento adequado para alinhar os objetivos e incentivos.

A necessidade de coordenação em políticas públicas (não apenas para fomento) é tão relevante que foi reforçada, genericamente, pelo Decreto de Governança Pública (n. 9.203/2017), cujo art. 3º, IV, estabelece como diretriz a articulação entre instituições e coordenação de processos "para melhorar a integração ente os diferentes níveis e esferas do setor público, com vista a gerar, preservar e entregar valor público".

Outro aspecto relevante envolvendo fomento financeiro e federalismo é a concepção de partilha de receitas tributárias da União (decorrentes da arrecadação de IPI e IR, cf. art. 159, I, II, e §§2º e 3º, da CF) com os Estados, Distrito Federal e Município (os chamados Fundos de Participação), e com os Fundos Constitucionais. Estes fundos recebem parte da arrecadação decorrente de tributos federais para viabilizar investimentos regionais e locais, com foco na redução de desigualdades. Para cálculo dos repasses, a Secretaria do Tesouro Nacional (STN) reduz da arrecadação bruta os valores destinados a incentivos fiscais, Programa de Integração Nacional (PIN), Programa de redistribuição de Terras, Estímulo à Agroindústria do Norte e Nordeste (Proterra) e restituição de impostos, para então aplicar os percentuais relativos aos repasses[211].

Daí que, a cada programa federal de incentivo fiscal (em especial os relacionados a IR e IPI), reduzem-se mais os repasses aos estados

[211] Neste sentido, vide estudo realizado pelo TCU acerca do impacto de incentivos fiscais nos Fundos de Participação. TCU, Acórdão n. 713/2014-Plenário, relator Min. Raimundo Carreiro, processo n. 020.911/2013-0, Sessão de 26.3.2014, p. 5. Segundo conclusão da equipe técnica, entre os anos de 2008 e 2012, as desonerações tributárias em IPI e IR teriam implicado a redução de repasses no montante de R$190 bilhões aos Fundos Constitucionais e de financiamento, Fundos de Participação, IPI-Exportação e Fundep.

e municípios, sem que estes ao menos sejam consultados a respeito dos objetivos pretendidos pela União com aqueles incentivos. Reduz-se o volume destinado a atender demandas regionais (em tese), sem que necessariamente se utilize a renúncia fiscal federal para reduzir desigualdades regionais[212].

A questão torna-se mais sensível na medida em que é difícil calcular, após a concessão das desonerações, quanto teria sido repassado aos fundos caso não houvesse renúncia de receita, pois há que se considerar possíveis inadimplementos, oscilações econômicas e mudança de comportamento dos contribuintes caso não fossem instituídas as desonerações.

Não se pretende com isso que não possa haver fomento federal por meio de desonerações tributárias, mas que isso deve – em alguma medida – partir de diálogo entre os entes da Federação a respeito da alocação destes recursos, ainda na etapa de planejamento[213]. Dentre outras razões, porque ao suprimir receita que seria repassada a Estados e Municípios de forma proporcional, para fins de desenvolvimento e redução de desigualdades regionais, "as políticas desonerativas de tributos compartilhados devem ser dotadas de mecanismos que possam neutralizar o impacto negativo nas transferências de recursos da União aos diferentes entes federados"[214].

[212] Neste sentido, a análise do TCU sobre as contas públicas federais do exercício de 2013 apontou que o Nordeste foi a região com maior impacto negativo com a redução de repasse dos Fundos Constitucionais e de Participação a partir de incentivos fiscais federais. Ou seja, sob o pretexto de cumprir outros objetivos públicos por meio de fomento, a Administração Pública federal foi na contramão do objetivo de redução de desigualdades regionais – sem qualquer comprovação de que o Nordeste teria sido beneficiado, em contrapartida, pelos estímulos federais concedidos. Neste sentido, vide TCU, Acórdão n. 713/2014-Plenário, relator Min. Raimundo Carreiro, processo n. 020.911/2013-0, Sessão de 26.3.2014, p. 37.

[213] Neste sentido, ao analisar as renúncias fiscais entre 2008 e 2012, o TCU recomendou à Casa Civil e ao MF que ouçam os Estados e Municípios na etapa prévia (de estudos quanto a objetivos, indicadores e metas esperados) à instituição de medidas de desoneração tributária. Neste sentido, vide TCU, Acórdão n. 713/2014-Plenário, relator Min. Raimundo Carreiro, processo n. 020.911/2013-0, Sessão de 26.3.2014, p. 2.

[214] Voto do relator. TCU, Acórdão n. 713/2014-Plenário, relator Min. Raimundo Carreiro, processo n. 020.911/2013-0, Sessão de 26.3.2014, p. 37.

3.1.3 Análise de dados e diagnóstico, com apoio de entidades públicas e privadas

Se considerado que o fomento público é função administrativa com alguma margem de discricionariedade (ou *reflexividade*), que envolve decisões políticas sobre determinada estrutura socioeconômica, a etapa do planejamento deve se pautar por informações (análise de dados e diagnósticos) que embasem as escolhas a serem feitas. Trata-se do que se pode considerar o *núcleo técnico* do fomento.

Quanto maior a *reflexividade* (o espaço para escolhas administrativas que não podem ser antecipadas pelo legislador), maior a necessidade de motivação que justifique a decisão adotada dentre as várias opções cabíveis. No caso da função de fomento, considerando-se que se trata de atividade essencialmente seletiva, em vista dos recursos públicos escassos, a decisão de beneficiar um agente ou setor econômico em detrimento de outros, e de que forma fazê-lo, pressupõe embasamento a partir de elementos de fato capazes de justificar racionalmente – em tese – a eficiência da política instituída. Seja na definição dos destinatários e objeto, dos instrumentos de incentivo escolhidos, nas contrapartidas fixadas, nas sanções estabelecidas e especialmente nos objetivos em vista dos quais os recursos públicos serão repassados a agentes privados.

Não basta, pois, estabelecer os objetivos e metas a serem atingidos através do fomento, mas selecionar os instrumentos mais aptos a tanto, que realizem em maior medida, e com menor custo, os objetivos públicos visados. Isso pressupõe que seja feita análise prévia de dados e diagnósticos, estudando-se o contexto sobre o qual as políticas de fomento pretenderão atuar para estimular a alocação de recursos privados. São dados que orientarão as escolhas políticas, esclarecerão a necessidade do estímulo, as metas que se pretende alcançar, as metas efetivamente alcançáveis, dentre outros[215].

[215] Alguns dos elementos ora apontadas são sugeridos pelo Dec. n. 4.176/2002, que orienta a elaboração de projetos de atos normativos (dentre eles, programas de incentivo), cujo anexo I descreve um roteiro de questões a serem seguidas antes da elaboração do projeto, dentre elas "Neste momento, como se apresenta a situação no plano fático e no plano jurídico? Que falhas ou distorções foram identificadas? Qual foi o resultado da análise do problema? Onde se situam as causas do problema? Sobre quais causas pode incidir a ação que se pretende executar?".

É exatamente a esta etapa do planejamento que a nova Lei de Governança da Administração Pública se refere ao estabelecer como diretriz a manutenção de "processo decisório orientado pelas evidências" (art. 4º, VIII, da Lei n. 9.203/2017).

Essa etapa é relevante na definição, por exemplo, da duração da política de fomento. Uma vez estabelecidos objetivos que se pretendem alcançar, é preciso averiguar se, e em quanto tempo, os estímulos financeiros estatais são necessários para alcançá-los. Partindo da premissa de que o fomento deve ser transitório, sob pena de paralisar o setor privado, a previsão do tempo durante o qual se espera alcançar os objetivos traçados está diretamente relacionada ao estudo do setor, agente ou atividade econômica que receberá os auxílios, considerando, por exemplo, os ciclos de produção. Neste sentido, tanto o excesso quanto a insuficiência podem comprometer os recursos destinados ao setor privado, mas isso dependerá das características do objeto fomentado – e, portanto, do seu estudo.

A análise de dados e realização de diagnósticos visa a levantar todos os pressupostos objetivos necessários para as escolhas políticas a serem feitas. Demanda que os estudos sejam realizados com o maior grau de isenção possível em termos de preferências político-ideológicas – afinal, se a atuação administrativa deve ser orientada pela impessoalidade, objetividade e isonomia (art. 37, *caput*, da CF), isso significa criar medidas de estímulo que visem a atender fins públicos que se mostrem necessários e idôneos, e não a conceder privilégios a agentes específicos. Por esta razão é que, segundo Gordillo, os dois primeiros elementos que compõem qualquer planejamento (antes mesmo da definição dos objetivos e dos meios) são a *análise crítica da situação global* e a *previsão de evolução futura*, com projeções e a evolução socioeconômica do que se pretende fomentar.[216]

Eis porque neste ponto o auxílio de entidades públicas ou privadas, com alguma autonomia, pode contribuir em grande medida no levantamento de dados e realização de diagnósticos, preservando o menor grau de influência política possível. Guardadas as devidas proporções,

[216] (GORDILLO, 1973 *apud* MELLO, 2003, p. 61-62).

é o que se passa quando decisões regulatórias são delegadas a entidades *independentes*, que requerem "separação entre regulador e operador e (...) separação entre regulador e governo, cujo fim é evitar a politização das decisões"[217].

Não se está defendendo que o fomento financeiro enquanto regulação estatal em sentido amplo seja concebido e realizado por entidades independentes, como se passa na regulação em sentido estrito; tampouco que as escolhas atreladas ao fomento sejam apenas *técnicas*. Pelo contrário. O fomento pressupõe escolha política e econômica, não se limita à análise de dados, mas por conter elementos de regulação econômica, demanda em alguma medida estudo técnico que seja considerado e justifique (com as vantagens indicadas) os custos de tais escolhas políticas.

Demanda, ainda, que desde o início haja participação de pessoas com formação jurídica, que possam assegurar que a política planejada se enquadra nos parâmetros legais necessários a evitar questionamentos futuros que acabem na via judicial, com anulação do processo de elaboração e implementação da política.

E tanto quanto as decisões em processos administrativos de modo geral, escolhas relacionadas a medidas de fomento devem ser motivadas, o que significa instruí-las com os dados necessários à tomada decisão, conferindo conhecimento público dos elementos que levaram às escolhas feitas pela Administração. Ora, isso só pode ocorrer se houver dados a serem apresentados.

Além dos dados obtidos por meio de estudos técnicos, nesta etapa é recomendável que haja também a participação de agentes privados dos setores ou regiões a serem fomentadas, o que além de incrementar o aspecto democrático e consensual da Administração Pública, pode ter impacto positivo no momento da implementação da política de fomento – seja no número de adesões (quando ilimitadas), seja quando da sua execução, com melhor compreensão e alinhamento de objetivos entre o Poder Público e a iniciativa privada (que em última análise executará

[217] (BRESSER-PEREIRA, 1998. p. 160).

as medidas)[218]. Afinal, as políticas públicas não se pautam pela atuação exclusiva do Estado, mas se valem "da iniciativa privada para *atingir fins públicos*, numa lógica cooperativa, horizontal e integradora (o Poder Público *ao lado* da iniciativa privada)"[219].

Em síntese, essa etapa do planejamento reduz possível distanciamento entre a Administração que institui as medidas de fomento e a realidade em que ela será inserida, potencializando a definição de objetivos adequados ao contexto socioeconômico e críveis, maximizando com isso a eficiência da ação governamental.

3.1.4 Análise de Impacto das medidas de fomento

Uma vez compreendido o contexto em que as políticas de fomento serão inseridas, a Administração deve avaliar criticamente as opções que estão à sua disposição, o que pode ser feito através da chamada *Análise de Impacto*. Explica-se.

O fomento é uma forma de regulação estatal econômica em sentido amplo, que visa a orientar a alocação de recursos privados para satisfazer objetivos considerados relevantes pela Administração. Como toda atuação estatal na economia, sua realização pode gerar efeitos para além daqueles inicialmente pretendidos. E se a eficiência é princípio, fundamento e condição do fomento financeiro, estes efeitos e a realização dos resultados de cada medida devem ser objeto de reflexão e análise[220].

[218] Neste sentido, segundo Mello (2003, p. 78-79), "as próprias medidas de fomento genérico esbarram, frequentemente, na indiferença e desmotivação dos agentes econômicos (...). Por isso, mostra-se recomendável que a administração faça com que os interessados participem do processo de elaboração do plano, de modo a comprometê-los nos respectivos objetivos, o que contribui para a sua democratização e para o cumprimento dos seus objetivos, na medida em que diminui a resistência do setor privado, pois a eficácia do planejamento está diretamente ligada à ação mobilizadora do conjunto de forças do País".

[219] (MOREIRA, 2008, p. 558).

[220] Um exemplo da relevância da atuação estatal integrada e antecedida de avaliação prévia de riscos e efeitos foi descrita na declaração de voto do Min. José Jorge, do TCU, quando do parecer prévio aprovando as contas da Presidência da República relativas ao exercício de 2013. Partindo da análise da política *equivocada* de combustíveis do Governo, o Ministro conclui: "A manutenção do preço dos combustíveis de forma artificial, associada à política de redução do IPI para o setor automotivo, além de ocasionar o acréscimo da frota de veículos, provocou o aumento do uso dos automóveis para transporte individual. Tal circunstância, associada à falta de investimentos em transporte coletivo de massa, gerou sérios problemas na mobilidade urbana das grandes cidades,

É porque os resultados importam que a atuação da Administração Pública, sempre orientada pelo elemento político, vem pautando-se cada vez mais por análises econômicas e perspectivas pragmáticas que impedem que escolhas sejam fundamentadas em si mesmas. E isso se estende às políticas de fomento público financeiro, que tem como meio os recursos públicos, e como destinatários e objeto agentes privados no exercício de atividades econômicas em regime de livre iniciativa.

A chamada Análise de Impacto[221] foi desenvolvida e utilizada para formulação de normas regulatórias e políticas públicas, como método de solução de propostas possíveis. Segundo Oliveira, ela é composta por três elementos principais: diagnóstico dos efeitos das propostas; ponderação de custos e benefícios; e participação dos destinatários.

Este método de aferição de eficiência de possíveis ações estatais, que parte de uma perspectiva pragmática, é aplicável à política de fomento financeiro na etapa de planejamento. Isso já era sugerido em alguma medida pelo Dec. n. 4.176/2002[222], e ficou explícito na Lei de Governança da Administração Pública federal, n. 9.203/2017, que estabelece como diretriz "avaliar as propostas de criação, expansão ou aperfeiçoamento de políticas públicas e de concessão de incentivos fiscais e aferir, sempre que possível, seus custos e benefícios" (art. 4º, VII).

A análise de impacto não significa que somente em virtude dos efeitos calculados das medidas é que elas serão implementadas, pois inicialmente elas devem estar de acordo com o ordenamento jurídico. Partindo desta premissa é que então serão analisadas as medidas possíveis,

e é, certamente, a principal responsável por recordes diários na extensão dos engarrafamentos registrados recentemente pela mídia". Acórdão 1.338/2014, rel. Ministro Raimundo Carreiro, Processo n. 005.956/2014-5, sessão de 28.5.2014, p. 27.

221 Orientações sobre o método de análise de impacto regulatório podem ser obtidas no site da Organização para Cooperação e Desenvolvimento Econômico (OCDE), em especial no Manual lançado em 2008 – Introductory Handbook for Undertaking Regulatory Impact Analysis (RIA), OECD (2008), disponível em <http://www.oecd.org/gov/regulatory-policy/44789472.pdf>. Acesso em 30 nov. 2017.

222 Isso é em alguma medida sugerido pelo Dec. n. 4.176/2002, que estabelece normas e diretrizes para projetos de atos normativos de competência do Poder Executivo, dentre elas os seguintes aspectos para escolha de instrumentos (por exemplo, para programas de incentivo): desgaste e encargos para os cidadãos e a economia; eficácia (precisão, grau de probabilidade de consecução do objetivo pretendido); custos e despesas para o orçamento público; efeitos sobre o ordenamento jurídico e sobre metas já estabelecidas; e efeitos colaterais e outras consequências.

a partir de sua potencial eficiência, considerando-se os impactos e sua ponderação para eleição da melhor escolha a ser feita.

O primeiro elemento desta análise de impacto decorre do diagnóstico das consequências de cada medida. Segundo Mendonça, esta análise deve seguir um "modelo *cauteloso* de pragmatismo jurídico", que significa – dentre outros – partir de base empírica para arrolar as consequências prováveis, e desconsiderar efeitos incompatíveis com a CF, os meramente plausíveis e remotamente futuros[223].

Arroladas as consequências (impactos) possíveis de cada alternativa em termos de escolha, elas devem sujeitar-se a uma análise de custo-benefício, racionalizando a decisão final – nada obstante críticas de que isso atrasaria a tomada de decisão e envolveria variáveis imponderáveis ou critérios utilitaristas (associando bem-estar a ganhos econômicos)[224]. Nesta linha é que Sustein, citado por Oliveira, propõe um método de análise de custo-benefício "humanizado" (*humanizing Cost-Benefit Analysis*), que dentre outras ideias deve considerar a dignidade humana, e seguir proposições como identificação de vantagens e desvantagens de cada escolha, quantificando seus efeitos relevantes; e descrevendo os sujeitos potencialmente beneficiados e prejudicados com cada medida[225].

Neste sentido, a análise de impacto em termos de reflexão e análise de consequências das medidas possíveis e do seu custo-benefício é etapa importante no planejamento das políticas de fomento financeiro, sobretudo considerando que elas são implementadas a partir de gastos com recursos públicos escassos, havendo custo de oportunidade em alocá-los em um setor, agente ou atividade econômica em detrimento de outros, ou até mesmo de gastos com os chamados serviços públicos[226].

[223] (MENDONÇA, 2014, 115-122).

[224] Uma síntese das críticas e fundamentos jusfilosóficos à Análise de Impacto Regulatório é feita por Oliveira (2015, p. 261-262).

[225] (SUSTEIN, 2001, p. 224 *apud* OLIVEIRA, 2015, p. 264).

[226] Por meio do Acórdão n. 571/2000 – Plenário, o TCU criticou incentivos ao setor automotivo da década de 90 com base em estudos do BNDES, que teriam demonstrado que outros setores da economia teriam maior potencial para gerar empregos a partir de um mesmo volume de investimentos financeiros: "De acordo com o trabalho desenvolvido, as montadoras geram um total de 85 empregos (diretos e indiretos) para cada um milhão de dólares de investimentos, o que coloca o setor como sendo o 38º classificado em um ranking de 41 setores industriais pesquisados".

Mas o planejamento não se limitará à análise de impacto, em muito associada a critérios meramente econômicos que não esgotam as variáveis que pautam as escolhas da Administração Pública. A eficiência de políticas de fomento deve ser avaliada considerando-se os critérios econômicos (princípio da economicidade), mas também os seus possíveis resultados em termos de ganhos sociais, descritos na Constituição federal. A análise de impacto na etapa de planejamento é método que auxilia, e não impõe ou reduz em si, a tomada de decisões públicas. Ao final, as vantagens apresentadas, somadas aos demais aspectos constitucionais relevantes para a decisão, justificarão os custos que dela podem decorrer.

Exemplo da importância da análise de impacto em termos de custo-benefício e eficiência das políticas de fomento pode ser verificado no relatório lançado pelo Banco Mundial a respeito de gastos públicos para apoio ao setor privado no Brasil. Identificou-se que as políticas de fomento instituídas tendem a ter impacto adverso na produtividade agregada e na geração de empregos, porque sendo protecionistas, favorecem as empresas estabelecidas (os setores econômicos diretamente beneficiados), mas ignoram a redução da concorrência que de usual dinamiza o mercado, reduz preço dos bens e serviços, aumenta a qualidade da produção[227]. Este cenário retrata políticas de fomento que possivelmente não consideraram, quando do planejamento, todas as consequências e seu respectivo custo para a sociedade – caso do setor automotivo, estudado na elaboração do relatório e analisado no Capítulo anterior desta pesquisa, confirmando a hipótese.

A depender do elemento da medida de fomento que é objeto da escolha administrativa, outros critérios relacionados (mas não limitados) à economicidade podem ser considerados. Isso dependerá, em última análise, do propósito atribuído ao fomento público.

Especificamente na escolha dos beneficiários, os estudos sobre políticas industriais e desenvolvimento na perspectiva econômica debatem as vantagens e desvantagens de incentivos *horizontais* ou *verticais*. Enquanto estes visam a beneficiar setores específicos da economia (política de fomento à indústria naval, por exemplo), aqueles são destinados

[227] (BANCO MUNDIAL, 2017, p. 147).

a melhorar o desempenho das atividades econômicas de modo geral (por exemplo, políticas de estímulo à inovação ou à capacitação de mão-de-obra), sempre partindo da premissa de que isso gere ganhos à coletividade (objetivos públicos).

Neste sentido, políticas verticais não seriam desejáveis por interferir diretamente no mecanismo de mercado, podendo favorecer atividades ou empresas rentistas[228]. Já as horizontais propiciariam incremento de bem-estar econômico geral, mas desconsiderando particularidades de setores. Assim, se o objetivo da função de fomento for aumentar "a capacidade das empresas formularem estratégias que lhes permitam manter e/ou ampliar de forma sustentada sua posição no mercado"[229], deveriam ser consideradas tanto políticas de fomento vertical como setorial, de forma sobreposta[230].

Em especial nas políticas setoriais, a cautela é reforçada na medida em que favorecerão número mais restrito de agentes privados do que as políticas verticais. As vantagens esperadas neste caso devem superar eventuais custos não apenas financeiros, mas decorrentes da discriminação instalada entre agentes e de impactos negativos em termos de concorrência (quando o benefício vertical for destinado a apenas alguns agentes de determinado setor). Conforme pontua Klein, por meio de fomento financeiro os beneficiários "são artificialmente dotados de vantagens em relação aos seus concorrentes [e] poderão ocupar

[228] Isso teria se passado, segundo o relatório do Acórdão n. 571/2000 – Plenário do TCU (processo 5.875/1999-4, de Relatoria do Min. José Antonio Barreto de Macedo) nos incentivos ao setor automotivo: "Esta situação representa um grave equívoco no campo das políticas públicas de um país com as características sociais do Brasil, sendo moralmente questionável que o Governo Federal promova este tipo de ação com recursos originários de renúncia de receita, recursos públicos em sua essência, possibilitando a concentração de renda em poder de poucas empresas e seus acionistas em detrimento do emprego e da dignidade de milhares de trabalhadores e respectivas famílias, sem uma política clara e consistente que busque promover a sua realocação a outros segmentos econômicos".

[229] (GUERRA, 1997, p. 42).

[230] Sobre o tema, analisando políticas de fomento ao setor privado, o TCU já se manifestou no sentido de que em termos de investimento em P&D, do ponto de vista econômico-financeiro, "chama atenção o quão maior é o retorno proporcionado pela política pública normatizada pela Lei do Bem quando comparada às políticas públicas específicas para o setor de informática, tanto a nacional quanto à específica para a ZFM". Acórdão n. 1905/2014 – Plenário, Processo Relatório de Levantamento RL n. 015.436/2013-6, relator Min. Augusto Sherman, p. 35.

posição privilegiada no mercado não como consequência de sua maior eficiência e sim da atuação estatal de incentivo seletivo"[231].

Enquanto as políticas horizontas visam a melhorar o ambiente para desempenho de atividades econômicas de modo geral, as políticas setoriais usualmente são associadas a dois objetivos. O primeiro, aumentar a competitividade ou induzir transformação estrutural em setores não competitivos, em que há pouco ou nenhum investimento privado (por inércia ou por ser considerado deficitário). A estrutura do fomento, nestes casos, visará a atrair investimentos privados nestes setores ou regiões, porque se acredita que as externalidades positivas a partir daí geradas compensariam os custos de subsidiar parte da atividade – até que ela deixe de ser deficitária ou torne-se suficientemente competitiva. O segundo, quando o fomento financeiro é destinado a setores já competitivos, para torná-los ainda mais competitivos e rentáveis – gerando ganhos à economia e, eis o objetivo público, retorno social (desde que este seja superior aos custos do auxílio financeiro)[232].

Note-se que as regras dos acordos internacionais sobre concessão de incentivos financeiros (referidos como subsídios) são mais flexíveis em relação ao fomento horizontal e ao vertical que visa a favorecer regiões economicamente desfavorecidas. Nestes casos, o GATT (arts. 2º e 8º) considera os subsídios "irrecorríveis", porque de *per se* não apresentam risco de prejuízo à livre concorrência. É o caso dos subsídios específicos destinados a agente que realiza atividade de pesquisa; à região desfavorecida, como medida de desenvolvimento regional; ou à promoção de instalações que devem ser adaptar às novas exigências ambientais.

Há, contudo, os chamados subsídios "recorríveis" (art. 5º do GATT), assim considerados porque sua aplicação pode vir a causar dano ao livre comércio, sendo então objeto de disputa entre Estados. Nestes casos,

[231] (KLEIN, 2003, p. 6).

[232] Foi o caso da chamada "política dos campeões nacionais", estratégia da política industrial implementada através do Programa de Desenvolvimento Produtivo (PDP), lançado em 2008, tendo o BNDES como um dos protagonistas do fomento a empresas e setores, com vistas a consolidar sua posição nas cadeias globais de valor. Para uma análise crítica da política dos campeões nacionais sob a perspectiva do direito da concorrência vide Almeida (2012). Em defesa de políticas verticais em setores competitivos, vide Ferreira (2003, p. 312).

o problema não está na forma de concessão do incentivo, na estruturação dos seus elementos, mas nos efeitos que venha a gerar em concreto. Daí porque ganha relevância a análise de impacto das medidas de fomento na etapa de planejamento, para que se levante o maior número de consequências possíveis daquela medida, antecipando eventuais problemas em termos de livre concorrência que tornem os incentivos alvo de disputa em fóruns internacionais, como na OMC.

Critérios importantes na seleção dos agentes e atividades a serem beneficiados pode ser extraída, também, do Sistema Brasileiro de Defesa da Concorrência. Segundo Klein, tendo em vista que os incentivos financeiros podem constituir a prática de ato que implique *limitar, falsear* ou *prejudicar* a livre concorrência ou iniciativa, admite-se que se apliquem a eles a regulamentação prevista na Lei n. 12.529/2011, podendo-se até mesmo caracterizar os incentivos como infrações contra a ordem econômica[233]. Especialmente porque ao pretender uma realocação de recursos privados, alterando a organização espontânea do mercado, o fomento tangenciaria o tema da eficiência alocativa, podendo criar distorções que o sistema de defesa da concorrência visa a evitar, como o aumento de preços[234].

Neste sentido, devem ser feitos estudos do mercado e análises de impacto das medidas com vistas a evitar, por exemplo, que sejam instituídos incentivos capazes de "limitar ou impedir o acesso de novas empresas ao mercado" ou criar dificuldade ao desenvolvimento de empresa concorrente ou de fornecedor e adquirente (nos termos do art. 36, §3º, III e IV, da Lei n. 12.259/2011).

[233] Sobre a possibilidade de aplicação do Sistema de defesa da concorrência à função de fomento público, vide Klein (2003, p. 21-25) e Mendonça (2010, p. 155).

[234] Segundo estudo feito pelo BNDES a respeito dos efeitos dos incentivos de fomento concedidos pelos estados, grande parte deles implicam distorção da eficiência alocativa, como distorção na composição de gasto público (mais recursos para infraestrutura do que gastos sociais); escolha da localização das firmas a partir das vantagens oferecidas, e não dos fatores de produção disponibilizados; destinação de recursos pelas firmas para obter benefícios por mais tempo, em detrimento de investimento no empreendimento, dentre outros. (BNDES, 2000, p. 1 *apud* KLEIN, 2003, p. 15).

3.1.5 Publicidade e transparência da etapa de planejamento

A aplicação do dever de publicidade à função de fomento talvez seja a que menos demande densificação normativa, tamanha a objetividade do seu conteúdo em toda a atuação administrativa, em especial dada pela Lei de acesso à informação, n. 12.527/2011.

Está diretamente associado ao cumprimento da motivação da etapa de planejamento, que só poderá ser devidamente verificada se os estudos e reflexões que embasarem as decisões forem disponibilizados, não só aos interessados, mas aos órgãos de controle e à sociedade de modo geral. Além da motivação, a divulgação das atividades da Administração Pública na etapa de planejamento atribui maior legitimidade às escolhas administrativas, sobretudo se contar com a participação social.

Isso, inclusive, consta da Lei de Governança Pública, n. 9.203/2017, cujo art. 4º estabelece como diretriz "promover a comunicação aberta, voluntária e transparente das atividades e dos resultados da organização, de maneira a fortalecer o acesso público à informação".

Elemento importante a ser considerado em termos de publicidade e transparência (*accountability*), e que se reflete durante todo o processo de exercício do fomento, é a necessidade de sistematização das informações disponibilizadas. Não se trata de divulgação como um fim em si mesmo, mas para viabilizar o controle externo e social das medidas administrativas. Daí que é necessário que as informações disponibilizadas estejam organizadas de forma a viabilizar a compreensão do processo de escolha administrativa, indicando-se os estudos que serviram de base, os riscos considerados, a justificativa dos meios como forma de atingir objetivos e mitigar riscos, dentre outro. Há que se questionar se a divulgação dos documentos relativos a essa etapa da função administrativa pode colocar em risco, de alguma forma, as medidas a serem implementadas. Neste caso, admissível o sigilo das informações até a divulgação e implementação da política de fomento. Afinal, na etapa de controle externo da função administrativa, a adequação dos objetivos selecionados e dos meios escolhidos para alcançá-los só poderá ser verificada se disponibilizados os dados em que a Administração Pública se embasou para as escolhas feitas.

3.2 A estruturação das políticas de fomento financeiro

A execução das políticas de fomento financeiro é o núcleo da função administrativa do fomento público. Seguindo os parâmetros que constam da legislação que antecede seu exercício, a Administração Pública dará a densidade normativa necessária para operacionalizar os incentivos.

Quando a política de fomento é instituída por Leis de iniciativa do próprio Poder Legislativo, caberá ao Executivo regulamentá-la através de Portarias dos Ministérios de Estado, dos editais para seleção de agentes e projetos a serem objeto de fomento (para concessão de crédito, por exemplo), ou dos Regulamentos que especifiquem os elementos apontados em lei[235].

Ocorre, muitas vezes, que na inexistência de lei autorizando o exercício do fomento público, o próprio Executivo edita as políticas de fomento e as regulamenta por meio de Decreto Executivo, no exercício do poder legiferante que lhe é atribuído pela Constituição (arts. 62 e 84, IV). Nestes casos, a própria *etapa legislativa do fomento* (isto é, que antecede sua execução) será realizada pela Administração Pública, trazendo muitas vezes mais do que uma *autorização genérica*[236] para implementação da medida, mas toda a estruturação da política. Isso se passa, muitas vezes, por meio de Medidas Provisórias, como no setor automotivo.

Se isso é constitucionalmente aceito, ao mesmo tempo é questionável. Não por conta da iniciativa do Executivo para estruturação das políticas de fomento, mas do veículo normativo escolhido. As Medidas Provisórias têm como requisito o elemento de urgência, que se devidamente

[235] Neste sentido vide a Lei n. 12.343/2010, que instituiu o Plano Nacional de Cultura (PNC), originário do PL n. 6.835/2006, de iniciativa do Deputado Gilmar Machado, e a Lei n. 13.159/2015, dispondo sobre incentivo às indústrias de equipamentos para TV Digital e de componentes eletrônicos semicondutores, de iniciativa do Deputado William Woo.

[236] A expressão é referida por Mendonça (2010, p. 165-166), para quem a autorização legislativa que antecede o exercício da função administrativa de fomento há de ser *genérica* – nem tão geral que se torne incontrolável, nem tão específica que inviabilize a atuação administrativa. Deveria conter, pois, os elementos principais da política como os beneficiários, os requisitos deles exigidos, os meios de incentivo. Acrescenta-se ainda a necessidade de indicação dos incentivos, que fundamentam a medida de fomento.

cumprido, não se coaduna com o planejamento que embasa a função de fomento (sobretudo em uma perspectiva "parteira", que pretenda promover um salto de competitividade ou estimular novas competências em determinado setor).

A exigência de lei para políticas de fomento por meio de incentivo fiscal é ainda mais evidente. Neste sentido, o próprio TCU já expediu recomendação à Casa Civil para que, "quando da análise de proposições normativas que contenham renúncias de receitas tributárias, observe o instrumento adequado para esse fim, qual seja, lei específica que trate exclusivamente da matéria ou do correspondente tributo"[237]. Afinal, se legitimação prévia da função arrecadatória decorre de lei, a sua recusa deve se dar pelo mesmo instrumento. Isso visa a atender ao requisito previsto no art. 150, §6º, da Constituição, que determina previsão em lei para qualquer subsídio, isenção, redução de base de cálculo, concessão de crédito presumido, anistia ou remissão, relativos a tributos. Exigência que, segundo o TCU, evita pessoalizar os benefícios, mitigando o arbítrio do Executivo e coibindo o uso do instrumento como moeda de barganha para favorecimento pessoal[238].

Ainda nestes casos, serão necessários atos administrativos que auxiliem, componham, a estruturação da política – seja para regulamentar alguns de seus elementos (por exemplo, os requisitos de habilitação dos possíveis beneficiários), seja para adequar a estrutura dos seus órgãos para execução da política (normas organizacionais que preparem os órgãos e entidades para a etapa de implementação e governança das políticas de fomento).

Quando alguns os elementos da política de fomento forem estruturados por meio de atos normativos, é fundamental que haja estrita observância da Lei, tanto daquela que lhe autoriza (havendo coordenação entre regras gerais e decisões específicas), como da legislação a que a Administração Pública se submeterá por conta dos instrumentos

[237] Sobre a inadequação das Medidas Provisórias para instituição de políticas de fomento público, vide Acórdão n. 1.205/2014 – Plenário, Processo Relatório de Levantamento RL n. 018.259/2013-8, relator Min. Raimundo Carreiro, p. 2.

[238] Acórdão n. 1.205/2014 – Plenário, Processo Relatório de Levantamento RL n. 018.259/2013-8, relator Min. Raimundo Carreiro, p. 12.

de fomento financeiro utilizados (regras de direito tributário, financeiro ou orçamentário, Lei de Responsabilidade Fiscal e acordos internacionais de comércio – como o GATT). Conforme Mendonça, nesta perspectiva pode-se até falar em graus de vinculação da atividade administrativa de fomento, a depender do meio escolhido e do seu regime jurídico – por exemplo, quando a própria Lei que autoriza a desoneração tributária já estabelece os critérios a serem exigidos dos beneficiários.

Ademais, segundo Sundfeld em referência à normas regulatórias, é relevante também para políticas de fomento que tanto a Lei que lhe instituiu como os atos administrativos que lhe densifiquem sejam pautados pela simplicidade, pois as normas e atos jurídicos envolvem custos e ônus (para ser editados, aplicados, interpretados) [239]. E ainda, ser também previsíveis e estáveis, para que gerem segurança jurídica aos agentes privados que realizarão investimentos confiando no recebimento dos benefícios financeiros assegurados.

A simplicidade está diretamente relacionada ao êxito da implementação das medidas, pois políticas estruturadas de forma complexa podem ampliar o espaço para disputas e dificultar seu cumprimento pelos agentes privados – o desafio de *diminuição de complexidade*[240] defendido por Sundfeld e Rosilho para políticas públicas aplica-se integralmente aos atos legislativos e administrativos relacionados às políticas de fomento.

Na parte da estruturação do fomento público é fundamental, ainda, que sejam implementados atos para organização dos órgãos que acompanharão a execução, e que isso seja feito concomitantemente à instituição da política de fomento, sob pena de prejuízo à sua fiscalização e controle de resultados (de nada adianta organizar o ente que será responsável pela gestão da política de fomento no seu último ano de vigência). Se a Lei que autoriza o exercício da função de fomento deve trazer de forma genérica os principais elementos para sua implementação, a ela não cabe cuidar da organização da estrutura burocrática a quem compete a gestão da política de fomento. Essa etapa é essencial para

[239] (SUNDFELD; ROSILHO, 2014, p. 77).
[240] (SUNDFELD; ROSILHO, 2014, p. 77).

assegurar a eficácia da medida e o posterior exercício dos atos de governança, descritos em item a seguir.

Trata-se do que o TCU já denominou de planejamento estratégico[241], que diz respeito à necessidade de se adaptar a estrutura dos órgãos de controle interno para execução das políticas de fomento. Não basta apenas instituir leis concedendo benefícios e atribuindo competências a órgãos do Executivo para que a política de fomento seja bem executada. É preciso internalizar os objetivos da política nos órgãos de gestão, distribuindo responsabilidades e competências aos servidores, normalmente por meio de atos normativos internos – daí porque situar-se na etapa de estruturação, e não de planejamento do fomento.

3.3 A implementação das medidas de fomento

Se no momento de estruturação as políticas de fomento exigem alguma interação entre Poder Executivo e Poder Legislativo (inclusive na aprovação orçamentária de despesas decorrentes dos incentivos financeiros), a etapa de implementação inicia o que se pode denominar de função administrativa de fomento propriamente dita – a partir daqui apenas mudanças legislativas por algum aspecto crítico verificado na execução da política, ou necessidade de sua adaptação à alguma alteração de contexto, demandará alteração em lei.

A etapa envolve o processo inicial de concessão dos incentivos pela Administração (por exemplo, analisar as habilitações e realizar os repasses – quando o incentivo implica despesa e não renúncia de receita) e a realização dos compromissos assumidos pelos agentes fomentados (afinal, se ele é livre para aceitar, *não é livre para gastar*[242]). Ou seja, inclui a instalação do vínculo entre as partes e o cumprimento, por cada

[241] Sobre o ponto, vide o Acórdão n. 1905/2014 – Plenário, Processo Relatório de Levantamento RL n. 015.436/2013-6, relator Min. Augusto Sherman, p. 37-38.

[242] A expressão é referida por Mendonça (2010, p. 124), ao analisar a natureza jurídica das contrapartidas impostas ao agente fomentado a partir da adesão ao estímulo.

uma delas, dos deveres assumidos reciprocamente quando do aceite dos incentivos pelo agente privado[243].

A depender da medida, a concessão poderá anteceder ou suceder as contrapartidas; e se dar em ato único ou em parcelas (especialmente quando incluído em um programa de incentivos de médio ou longo prazo). Há casos, como nos incentivos por renúncia de receita, em que, por se tratar de desoneração de tributo cuja declaração é feita pelo próprio agente fomentado (tributo *autodeclaratório*), não há nenhum ato administrativo anterior às contrapartidas. Neste caso, a concessão se dá com o início da vigência da Lei que institui a política de fomento. E cumprindo as contrapartidas previstas na estrutura normativa do programa, o próprio agente fomentado recolherá o tributo considerando os incentivos concedidos (sujeito depois à auditoria pela Administração Pública).

A depender da estrutura da política de fomento, portanto, o exercício da função administrativa pode estar menos concentrado na etapa de habilitação e concessão dos incentivos, e mais na etapa de monitoramento das obrigações assumidas pelos agentes fomentados. Isso fica evidente quando a concessão do benefício se dá após o cumprimento de determinados requisitos – neste caso, em um mesmo momento caberá ao gestor do fomento averiguar o cumprimento das exigências pelo agente fomentado e conceder em definitivo o benefício previsto

[243] Segundo Mendonça (2010, p. 141-143) e Marques Neto e Klein (2014, p. 461-462), as contrapartidas atribuídas aos agentes fomentados não têm o condão de transformar o fomento (ato unilateral a Administração Pública) em relação sinalagmática, com exata equivalência entre o estímulo que a Administração se obriga a conceder, e eventual dever que o agente fomentado se compromete a cumprir. Se sinalagmático fosse, não se trataria de incentivo, mas de negócio jurídico entre as partes, com ressarcimento, compensação ou pagamento pelo estímulo recebido. Mas note que não caracterizar as contrapartidas (a realocação de recursos privados a partir do fomento) como obrigação jurídica, pretendendo que o fomento fosse um negócio jurídico, não afasta o *dever jurídico* de seu cumprimento pelos agentes privados. Só que este dever jurídico é nada mais que um mecanismo para assegurar a efetividade do incentivo, e não o exato e necessário retorno a ser dado ao agente fomentado, como forma de pagamento pelo estímulo concedido. Em abstrato, é esta a natureza jurídica das contrapartidas exigidas do agente fomentado, mas há que se analisar em concreto os instrumentos financeiros de fomento, por exemplo, quando o repasse de valores se dá via contratos (com no fomento creditício) ou a subvenção econômica é feita através de transferência de capital, para aumento de capital social de uma firma, com participação minoritária do agente fomentador, como é feito pelo BNDES Participações S.A. (BNDESPAR).

(confirmando a renúncia de receita que o agente fomentado entendia ter direito a receber); ou efetuando o repasse de recursos público. Daí porque implementação e fiscalização, em alguns casos, irão se sobrepor.

Vê-se, pois, que a fase de implementação das políticas de fomento será tanto mais simples quanto mais as etapas de planejamento e estruturação seguirem os parâmetros jurídicos indicados nos itens anteriores. A interação com potenciais beneficiários durante a etapa de planejamento, e a estruturação da política de incentivos pautada pela simplicidade, por exemplo, reduzirão a assimetria de informações entre setor público e privado, mitigando o risco de que agentes privados não compreendam as contrapartidas deles exigidas e por conta disso não as cumpram com êxito.

O planejamento e a estruturação também influenciam a etapa de implementação no que respeita ao volume de adesões por parte dos agentes privados. A interação prévia na etapa de planejamento e a simplificação normativa tendem a conferir maior segurança aos agentes privados para realocarem seus investimentos, aderindo ao fomento (sem adentrar ao mérito de a política ser boa ou ruim a ponto de despertar o interesse privado). Segurança de *que*, *como* e *quando* receberão os incentivos – e que tende a ser maior quando a concessão se dá por meio de contrato (como no fomento creditício), desde que o contrato seja igualmente simples e claro.

Especificamente no que toca à fase de implementação das políticas de fomento, o que assegurará em maior medida a segurança jurídica dos potenciais agentes fomentados é a sua procedimentalização, a implementação de medidas de fomento por meio de um processo administrativo (isto é, procedimento orientado por princípios).

Segundo Mendonça, a habilitação de agentes fomentados (quando exigida) deve ser norteada pelos princípios da *transparência* e da *competitividade* – o que ele denomina de critérios formais do fomento público[244].

[244] Sobre o tema, vide Mendonça (2010). Os critérios materiais orientariam a escolha em si, não podendo ser destinada a aumentar o lucro dos beneficiários; inobservar a eficiência do gasto público; e o que o autor denomina de *razão pública*. Considerando que o proposito desta pesquisa não é adentrar ao mérito das escolhas, mas ao procedimento de exercício da função de fomento público, os critérios materiais aqui apontados só serão referidos quando guardarem relação com o procedimento – como a eficiência e a necessidade de planejamento prévio, descritos no item 3.1.

Somam-se a estes dois critérios a observância de *publicidade*, *objetividade*, *isonomia* e *impessoalidade*, tanto no momento de habilitação e concessão dos incentivos, como de eventual sanção por descumprimento das contrapartidas.

Em todas estas etapas o procedimento a ser seguido não poderá implicar discriminação ou favorecimento indevido aos potenciais agentes beneficiários, devendo conceder-lhes igual tratamento e oportunidade de participação quando da seleção, da atribuição de contrapartidas e da aplicação de eventuais sanções.

Isso é assegurado, por exemplo, na definição de critérios de seleção que sejam os mais claros possíveis – aferíveis de forma objetiva –, evitando-se conceitos indeterminados como *melhor* projeto, projeto *mais adequado*, atividade *mais relevante*. E quando do uso destas expressões, deve ser indicado de forma clara com isso será averiguado no momento da habilitação. O raciocínio é semelhante ao que se passa nas licitações, cujos editais devem conter critérios claros e parâmetros objetivos de avaliação, e não exigir o cumprimento de requisitos que não guardem relação com o que se espera seja realizado pelo agente privado que se submete à seleção.

A *objetividade* deverá ser preservada não só no estabelecimento dos critérios, mas durante a análise dos pedidos de habilitação, quando houver. Por exemplo, observar o critério cronológico na averiguação dos pedidos evita que alguns agentes privados sejam favorecidos antes dos demais por ter contato pessoal com o agente público responsável pela análise. Além de ser um critério objetivo, implica *impessoalidade* inerente à atuação da Administração Pública.

A respeito da procedimentalização do fomento financeiro – e tendo em vista a ausência de lei específica sobre o tema –, Moccia considera a aplicação subsidiária da Lei n. 13.019/2014 para concessão de benefícios creditícios[245]. Esta lei institui normas gerais para parcerias entre a administração pública e organizações da sociedade civil, regulamentando o procedimento através do qual os recursos públicos devem ser repassados para a execução de projetos destas organizações.

245 (MOCCIA, 2015, p. 320-321).

Ainda que para os fins desta pesquisa não se enquadrem estes repasses como fomento financeiro, muitas das preocupações do regime das OS podem de fato orientar o processo de concessão de incentivos públicos à iniciativa privada, dentre eles as normas relativas a transparência e controle (art. 10 e ss), participação social e divulgação de ações (art. 14 e ss); plano de trabalho (art. 22 e ss); chamamento público (art. 24 e ss), dentre outros.

Mas para que se possa aferir este tratamento impessoal e objetivo aos potenciais beneficiários, o processo de implementação dos incentivos deverá, ainda, ser *público* e *transparente*, permitindo verificar o cumprimento de todos os elementos normativos previstos em lei ou em edital, e a motivação dos atos de admissão, rejeição ou exclusão dos agentes privados do rol de beneficiários das medidas de fomento.

Especificamente no caso do fomento financeiro por meio de benefícios creditícios, a transparência na implementação da medida para fins de controle demanda contabilização dos recursos repassados pelo Tesouro Nacional às instituições financeiras, o que segundo Moccia não ocorre, já que o aumento de aportes aos bancos é feito por Medidas Provisórias[246].

Da mesma forma, quaisquer decisões que sancionem os agentes fomentados deverão ser motivadas e devidamente instruídas, com acesso público aos documentos, nos termos da Lei de Processo Administrativo federal, n. 9.784/1999.

Por fim, segundo Mendonça, é necessário que a etapa de habilitação seja orientada pela preservação em maior medida da *competitividade* entre agentes privados (isso se aplica quando o número de beneficiários for limitado). Isso demandaria desenhar o processo de escolha com vistas a selecionar o agente que tivesse "condições de melhor desempenhar a atividade a partir do fomento público"[247]. Isso se passa mesmo quando a medida de fomento visa a atender um setor deficitário, pouco eficiente e cuja finalidade seja justamente auxiliar no seu desempenho.

[246] (MOCCIA, 2015, p. 317).

[247] (MENDONÇA, 2010, p. 167).

Todos estes princípios visam a evitar que o fomento sirva a qualquer outro propósito que não o atingimento de objetivos públicos, a partir da concessão de estímulos de forma impessoal e objetiva, a agentes privados aptos a tanto. Com uma atuação administrativa voltada ao cumprimento da lei, pautada pela publicidade e executada por meio de escolhas motivadas, facilita-se o controle da implementação das políticas de fomento, mitigando-se, por exemplo, o risco de corrupção, de enriquecimento ilícito de agentes privados ou de agentes públicos.

E para assegurar a boa execução das políticas de fomento, com o devido cumprimento das obrigações por ambas as partes (agente fomentado e órgãos e entidades da Administração Pública), potencializando, assim, o alcance dos resultados positivos esperados, é que o tema da Governança ganha ênfase no tema do fomento público financeiro.

3.4 Medidas de governança

Por mais bem planejada, estruturada e implementada uma medida de fomento financeiro, o alcance dos objetivos públicos pretendidos inicialmente pode não acontecer, seja pelo não cumprimento das contrapartidas pelos agentes fomentados (por incapacidade ou má-fé), seja pela ocorrência de fatores imprevisíveis, não consideráveis na etapa de planejamento, que prejudiquem a relação de adequação entre os instrumentos escolhidos e os fins a serem atingidos. Há sempre o risco de insucesso das políticas de fomento.

Para evitar que estes ou outros fatores aconteçam, e em especial evitar que políticas ineficientes (isto é, que não atinjam os resultados pretendidos) perpetuem-se, causando danos ao erário com desperdício ou uso indevido de recursos públicos, a última etapa do processo de execução da função consiste na chamada governança, que pode ser subdividida entre mecanismos de fiscalização das medidas de fomento, e de avaliação e controle de resultados. Em síntese, a governança consiste em um conjunto de ações por parte do gestor público para assegurar que as medidas de fomento se desenvolvam como planejado, ainda quando fatores imprevisíveis ocorram durante a sua execução.

A preocupação com governança da Administração Pública não é recente. O movimento do *New Public Management* nas décadas de 80 e 90 já sugeria a aplicação de conhecimentos gerenciais utilizados na iniciativa privada ao setor público, sobretudo para fins de ganho de eficiência. Logo, sempre que se discutem formas de incrementar a eficiência da atuação estatal, o termo governança vem à tona – o que mereceria destaque no caso das políticas de fomento, cujos riscos de corrupção, *amiguismos* e voluntarismos políticos já descritos, que desvirtuem a função, são elevados.

Nada obstante, até novembro de 2017 não havia sistematização do processo de governança por parte da Administração Pública federal, seja na condução de políticas públicas, seja na prestação de serviços de interesses da sociedade. Mesmo já havendo volume considerável de experiências cujos resultados positivos e negativos poderiam ter sido consolidados, para repetir seus acertos ou não insistir nos erros (já que as políticas públicas são pautadas por tentativa e erro), fato é que cada órgão ou entidade da Administração Pública federal geria suas políticas e programas de modo aleatório. Não havia preparo institucional e aparato necessário para evitar que, ao longo da execução, por inércia da Administração, aquilo que se pretendia a partir das políticas públicas deixasse de ser alcançado. E mais, que anos depois os mesmos erros e fatores que levaram ao insucesso de políticas anteriores fossem repetidos. Aliás, sem controlar o que se passava, em algum momento se perceberam os erros e acertos daquelas políticas?

Para ilustrar a relevância da etapa, retome-se o que houve nas duas últimas políticas de incentivo ao setor automotivo, em especial no Inovar-Auto, que mesmo com etapas de planejamento, estruturação e implementação mais adequados aos parâmetros jurídicos do que no Regime Automotivo da década de 90, apresentou falhas na execução por falta de fiscalização. E, ao que tudo indica, análises futuras comprovarão a ausência de alguns resultados esperados (o que já foi sugerido às vésperas do fim da vigência)[248].

[248] Nesse sentido, a partir de recente estudo feito pelo Instituição fiscal independentes (IFI), foi veiculada por Trisotto (2017), cujo título é auto explicativo: "Montadoras ganharam R$ 28 bilhões em renúncias fiscais em 12 anos. Valeu a pena?". No mesmo sentido o relatório do Banco Mundial (2017).

Para mudar este cenário de descontrole das ações administrativas relacionadas a políticas públicas e – segundo divulgado no sítio eletrônico da Controladoria Geral da União (CGU) – para mitigar o risco de corrupção na sua gestão, foi publicado em 22 de novembro de 2017 o Decreto n. 9.203/2017, dispondo sobre "a política de governança da administração pública federal direta, autárquica e fundacional".

Segundo o Decreto, considera-se governança pública o "conjunto de mecanismos de liderança, estratégia e controle postos em prática para avaliar, direcionar e monitorar a gestão, com vistas à condução de políticas públicas e à prestação de serviços de interesses da sociedade" (art. 2º, I). Daí porque, ainda que não voltado especificamente à atividade de fomento financeiro, suas regras aplicam-se integralmente ao exercício da função. Inclusive, há referência expressa no art. 4º de que é diretriz de governança "avaliar a criação, expansão ou aperfeiçoamento de políticas públicas e de concessão de incentivos fiscais".

Esta medida reflete, em grande parte, o que o TCU, em sede de controle externo de políticas públicas e renúncias tributárias, já vinha concluindo e sistematizando por meio de decisões e estudos próprios. Neste sentido, em 2014 havia sido lançado o "Referencial para avaliação de governança em políticas públicas" e o "Referencial Básico de Governança Aplicável a Órgãos e Entidades da Administração Pública e Ações Indutoras de Melhoria".

É a partir destes três documentos, da doutrina sobre o tema, e da análise feita no Capítulo 2 que serão indicados a seguir os parâmetros jurídicos para a etapa de governança da atividade administrativa de fomento financeiro. Estes parâmetros serão organizados conforme se refiram aos atos de governança para *fiscalização* da execução das políticas de fomento ou de *avaliação* das políticas e o *acompanhamento de resultados*.

3.4.1 A fiscalização da execução das políticas de fomento

Um dos elementos da etapa de governança é o monitoramento da sua execução, que consiste em assegurar o cumprimento dos deveres atribuídos a cada agente envolvido e a concretização gradual dos objetivos públicos.

Partindo da premissa de que o fomento se insere em uma política de médio ou longo prazo, e não se reduz a repasse pontual com destinação específica[249], é necessário que a fiscalização da execução das medidas de fomento se dê *constantemente*, do início ao fim da vigência. Tanto quanto a etapa de acompanhamento de resultados, isso visa não apenas a averiguar o cumprimento específico dos deveres jurídicos assumidos pelos agentes fomentados (assegurando a execução "ordenada, ética, econômica, eficiente e eficaz" das atividades[250]), mas monitorar a ocorrência de fatores imprevistos que possam colocar em risco o êxito da política de fomento e corrigir problemas de planejamento que só se revelam durante a execução.

Como referido por Mendonça, a formatação do fomento pode implicar sua ineficácia tanto quando concedido em excesso (estimulando a ineficiência do setor privado), como por insuficiência (sendo inútil para os fins pretendidos). Em ambos os casos, há indício de falha de planejamento, com o agravante de que na primeira hipótese (de excesso) existe uma assimetria de informações entre o setor privado e a Administração Pública, pois não há incentivo para que o privado leve à Administração os indicadores de excesso na concessão e benefícios (como se passa com a hipótese de insuficiência). Mas tanto em um quanto no outro, apenas o monitoramento constante da execução poderá identificar o problema e instalar a adoção de medidas para contornar a ineficiência, o mais rápido possível (vide art. 2°, IV, do Dec. n. 9.203/2017).

[249] Ainda que isso se enquadre, por exemplo, no conceito de subvenção econômica (um dos instrumentos do fomento financeiro) ou por meio de concessão de crédito em parcela única, com destinação específica (que se enquadraria como instrumento de fomento financeiro *condicionado*).

[250] Estes são os escopos definidos no Decreto n. 9.203/2017 para os mecanismos de controle (dentre eles a fiscalização) de políticas pública pela Administração federal.

Daí que, para assegurar a efetividade do fomento, a primeira recomendação em termos de governança é que o seu *monitoramento* se dê de forma *constante* e *ativa*, desde o início do programa. Se isso depender da organização de estruturas específicas internas aos órgãos de gestão da Administração, ou de regulamentação de controles como auditoria externa, que tal seja feito antes ou logo no início da vigência – evitando-se o que se passou no Inovar-Auto, em que só no último ano o procedimento para auditoria externa dos agentes fomentados (iniciativa positiva em termos de planejamento da política) foi regulamentado. Ademais, não se pode limitar a fiscalização à autodeclaração, como envio de relatórios periódicos, por parte dos agentes privados, do cumprimento dos deveres que lhe são impostos. É preciso que haja uma combinação de formas ativas de fiscalização, como análise dos relatórios, exigência de apresentação de documentos, comparação de dados e fiscalização *in loco*, quando cabível, conjugando eficiência das medidas de fiscalização e simplificação do procedimento.

Além de atender ao princípio da eficiência, este monitoramento ativo e constante atribui maior segurança jurídica aos agentes privados, que não serão surpreendidos com cobranças de tributos e multas (no caso de fomento por desonerações tributárias) anos após a execução da medida, ou com pedidos extemporâneos de apresentação de dados e documentos.

Mas tanto o método como as estruturas de fiscalização das políticas de fomento devem também ser orientados pela eficiência, razoabilidade e simplificação da máquina pública. Por um lado, de nada adianta criar órgãos e entidades, descentralizando ou desconcentrando as competências do gestor das políticas de fomento, se não houver coordenação e preparo que faça com que o pessoal lá alocado compreenda a racionalidade da política de fomento e a sua finalidade – o que ocorre em maior medida quando há um maior distanciamento entre quem planeja e quem executa um plano de ação.

Por outro lado, o custo de manter estruturas com competências específicas para gerir um ou alguns programas pode superar o próprio custo associado ao risco de inefetividade do fomento. A razoabilidade, então, conduz a que seja feita uma avaliação prévia, quantificando-se se o custo da precaução de riscos nas políticas de fomentos a partir da fiscalização. Esta quantificação pode ser feita a partir da racionalidade da análise econômica do direito, que sugere seja feito um cálculo considerando a estimativa da probabilidade de o risco ocorrer e do dano que daí adviria.[251]

A depender do caso, deve-se aproveitar as estruturas já existentes da Administração Pública, tornando-as mais eficientes e devidamente capacitadas para gestão das políticas – o que o TCU já denominou de *planejamento estratégico*, e o Decreto de Governança Pública estabeleceu como diretriz – "definir formalmente as funções, competências e as responsabilidades das estruturas e dos arranjos institucionais". E considerando *estratégia* o mecanismo de governança para definir "diretrizes, objetivos, planos e ações, além de critérios de priorização e alinhamento entre organizações e partes interessadas, para que os serviços e produto de responsabilidade da organização alcancem o resultado pretendido" (respectivamente art. 4ª, X, e art. 5º, II, do Dec. 9.203/2017).

Paralelamente à fiscalização exercida pela própria Administração, outro mecanismo que pode reduzir seu custo e incrementar sua eficiência são as *auditorias externas* realizadas por entidades independentes, mas cujo resultado será direcionado aos gestores das políticas de fomento. Como se passou no Inovar-Auto, ainda que sujeito a críticas quanto à operacionalização do instituto, credenciar um rol de auditores independentes para realizar periodicamente um controle da execução interna das políticas implica terceirização de custos (quando arcados pelos próprios agentes fomentados) e dinamiza o processo de coleta e análise de dados internos aos beneficiários da política de fomento[252].

[251] O custo da precaução é muito estudado na análise econômica da responsabilidade civil, considerando-se que quanto maior o risco de ocorrência de um evento danoso e maior o custo decorrente deste evento, maior a necessidade de se criar mecanismos de precaução dos danos esperados. Sobre o tema vide Porto (2012) e Landes e Posner (1983).

[252] Não por outra razão já foi recomendado pelo TCU no Acórdão n. 1905/2014 – Plenário, Processo Relatório de Levantamento RL n. 015.436/2013-6, relator Min. Augusto Sherman, p. 49: "Considerando as dificuldades estruturais vivenciadas pelos ministérios, na forma de carência de recursos humanos, sistemas, procedimentos e dotação orçamentária para implementação de melhorias e realização de fiscalizações próprias, a possibilidade de delegar a partes independentes especializadas

Em síntese, não só a política de fomento deve ser planejada de forma a ser executada de modo eficiente (menor custo, maior resultado possível), mas o próprio método de fiscalização e governança deve ser pensado a partir do parâmetro de eficiência, para assegurar que os custos da ação administrativa de controle e fiscalização não superem seus benefícios ou o próprio custo do fomento em si.

Em termos de transparência e publicidade da atividade administrativa, é importante que os dados resultantes da fiscalização sejam continuamente disponibilizados, de forma sistematizada e legível. Isso tanto em relação aos gastos havidos com as medidas de fomento, como as contrapartidas que vão sendo cumpridas pelos agentes privados ao longo da política (nos casos em que isso é previsto). Especialmente em relação aos recursos públicos investidos, o registro contábil das medidas é elemento importante de *accountability*, mapeando-se o dispêndio dos recursos públicos.

3.4.2 A avaliação e acompanhamento de resultados

A mesma diretriz de eficiência, racionalização e simplicidade dos processos de fiscalização deve orientar as medidas de controle interno relativas à avaliação de resultados das políticas de fomento.

Isso se dá por previsão do art. 74 da Constituição, que ao tratar do controle do orçamento público (que, como visto, guarda estreita relação com o fomento financeiro), estabelece nos incisos I e II que os três poderes devem manter de forma integrada um controle interno para avaliação do cumprimento das metas previstas no plano plurianual, a execução dos *programas de governo* (dentre os quais as políticas de fomento) e dos orçamentos da União; e comprovar a legalidade e avaliação dos resultados, "quanto à eficácia e eficiência, da gestão orçamentária, financeira e patrimonial nos órgãos e entidades da administração federal, bem como da aplicação de recursos públicos por entidades de direito privado".

a tarefa de verificar o cumprimento de todas as obrigações das beneficiárias constitui-se em boa prática na medida em que viabiliza uma gestão mais seletiva e voltada para os aspectos centrais da condução da política, e menos em aspectos operacionais".

Ademais, o art. 4º, III, do recente Decreto n. 9.203/2017, estabelece expressamente como diretriz de governança para a Administração Pública federal a necessidade de "avaliar a concepção, a implementação e os resultados das políticas e das ações prioritárias, para assegurar que as diretrizes estratégicas sejam observadas" (art. 4º III).

Essa avaliação crítica das políticas de fomento e dos resultados alcançados visa a três principais objetivos. Um, aferir o volume de recursos destinados por meio de cada medida. Dois, averiguar o seu êxito. E três, criar mecanismos que permitam à Administração Pública, a partir destes dados, rever e/ou redirecionar as políticas atuais e futuras, evitando escolhas que tenham redundado em gasto ineficiente de recursos.

Se a diretriz de governança em termos de acompanhamento de resultado parece óbvia para cumprir o requisito de eficiência nas políticas de fomento, o procedimento para tanto não o é. Sendo compreendido como forma de regulação estatal econômica, o controle de resultados dos mecanismos do fomento financeiro não é simples, tendo em vista que a relação de causa e efeito entre as variáveis do processo econômico e os objetivos amplos em termos de desenvolvimento socioeconômico não são facilmente perceptíveis[253]. Sobretudo quando os incentivos verticais e horizontais se somam – como saber em que medida o desenvolvimento de um setor ou agente se deu em decorrência de créditos favorecidos concedidos para aquisição de bens de produção, ou de desoneração tributária para aquisição de determinados bens que integram o processo produtivo dos agentes fomentados?

Neste sentido, segundo a Casa Civil teria informado à equipe técnica do TCU quando da análise das renúncias fiscais entre os anos de 2008 a 2012, é complexa a avaliação e mensuração do impacto de desonerações tributárias, devido ao seu caráter *intrínseco* e *multidimensional*, pois "servem de múltiplos fins e tem por essência a repercussão de

[253] Segundo o Banco do Nordeste (BNB) teria narrado ao TCU em acompanhamento de renúncias fiscais nos anos de 2008 a 2012, há dificuldade em estimar os efeitos reais das desonerações, como do IPI, em vista a amplitude do objetivo – alavancar a atividade econômica a partir do aumento do consumo de bens desonerados. TCU, Acórdão n. 713/2014-Plenário, relator Min. Raimundo Carreiro, processo n. 020.911/2013-0, Sessão de 26.3.2014, p. 10.

forma diferenciada entre uma cadeia de pessoas, atividades econômicas e sociais e regiões"[254].

O ponto coloca dois desafios a quem estuda o fomento público. O primeiro: há possibilidade de se fazer análise minimamente objetiva entre causa e efeito de políticas de incentivo ao setor privado e dos resultados delas decorrentes? A segunda, decorrente da resposta à primeira questão: em caso positivo, quais são os mecanismos a serem implementados para realizar esta avaliação?; e, em caso negativo, vale a pena tentar medir (e, portanto, incorrer em custos) aquilo que não se pode controlar?

Entende-se que mesmo que a resposta negativa à primeira questão revele a dificuldade de se medir os objetivos alcançados a partir de políticas de fomento, isso não deve implicar o abandono da ideia de controle de resultados, mas reflexão a respeito de quais as medidas que o permitem fazer da melhor forma, evitando-se mecanismos de controle excessivos que não contribuam para o processo de avaliação e apenas incrementem seus custos. Desenvolver métodos econômicos racionais para tanto é fundamental – mas isso foge do escopo desta pesquisa.

Na perspectiva jurídica, uma primeira observação em relação às medidas de governança do fomento volta-se, na verdade, à boa execução das etapas anteriores à avaliação de resultados. O controle das políticas de fomento financeiro é facilitado em grande medida quando bem desempenhadas as etapas de planejamento, estruturação e implementação.

No planejamento, estabelecer pontualmente os resultados que se pretende alcançar orientará o que, na etapa de governança, deverá ser controlado. É preciso ter clareza do que se medirá, e isso advém da constituição da política, estabelecendo-se não só *objetivos*, mas também as *metas* estimadas para cada um destes objetivos genericamente considerados (sua quantificação e prazo para alcance).

Na estruturação normativa, identificar desde o início as responsabilidades e competências necessárias para monitoramento da política, atribuindo-os a cada órgão e unidade que integram a Administração

[254] TCU, Acórdão n. 713/2014-Plenário, relator Min. Raimundo Carreiro, processo n. 020.911/2013-0, Sessão de 26.3.2014, p. 7-8

Pública. Afinal, não se pode executar algo que não foi previamente instituído. E ainda, consolidar ao máximo, nas políticas de fomento, as diversas medidas de estímulo financeiro que se pretende conceder a um setor – quando verticais –, evitando que incentivos sejam dados em paralelo e, com isso, deixem de ser considerados para avaliar a relação de causalidade entre o fomento e as metas de desenvolvimento do setor.

Na etapa de implementação, o acervo de dados e relatórios repassados pelos agentes privados durante a fiscalização servirão de base para a avaliação do que foi feito durante a execução da política e do que se alcançou a partir daí, identificando-se pontos a serem aperfeiçoados, exigências excessivas ou incentivos insuficientes. Se não se sabe o que foi feito, não se poderá aferir onde ocorreu o erro ou o acerto a ser institucionalizado para políticas futuras.

A partir destas premissas, algumas diretrizes orientarão o processo de avaliação de políticas e de resultados em termos de governança.

Primeiro, é preciso levantar todas as formas de incentivos financeiros concedidos que possam ter beneficiado um setor ou agente, com enfoque para os verticais, mas também considerando os horizontais. Qualquer avaliação de resultados que ignore alguma medida de estímulo público implementada corre o risco de atribuir o êxito ou insucesso de uma política de fomento de forma enviesada, prejudicando a utilização posterior da análise. Veja que, conforme identificado pelo Banco Mundial em relatório de 2017, o objetivo de um sistema de acompanhamento rigoroso de resultados de políticas pautadas em gastos públicos é permitir vincular tais resultados aos insumos orçamentários[255]. Do contrário, nada se poderá concluir a respeito do excesso, da adequação ou da insuficiência dos gastos públicos, que evite desperdício nesta ou em futuras políticas.

Outro requisito em termos de organização administrativa que contribui para a avaliação de resultados de políticas de fomento é a integração de banco de dados dos órgãos responsáveis pela gestão de política de fomento financeiro. Isso é fundamental, por exemplo, no fomento por meio de desonerações tributárias, em que a fiscalização

[255] (BANCO MUNDIAL, 2017, p. 15).

das contrapartidas é feita pela SDP, mas a fiscalização tributária é realizada pela SRF.

Este banco permite não só o compartilhamento de dados e experiências para favorecer a fiscalização, mas a *institucionalização* de mecanismos de avaliação de políticas, evitando que ela aconteça de forma pontual e isolada, decorrente de uma ou algumas políticas instituídas. A função de avaliação de resultados depende e guarda relação direta com os programas a que se referem, mas tem um objetivo maior, de tornar permanente o monitoramento de gastos públicos de incentivo ao setor privado, subsidiando escolhas futuras e revendo-se escolhas pretéritas. Eis porque o Decreto sobre governança pública estabelece como diretriz "articular instituições e coordenar processos para melhorar a integração entre os diferentes níveis e esferas do setor público" e promover a "modernização da gestão pública" (art. 4ª, I e II). A tecnologia da informação e o desenvolvimento de sistemas para gestão coordenada e compartilhada de informações é elemento chave na governança de políticas de fomento.

Outro aspecto relevante para avaliação do desempenho das políticas de fomento está associado à *transparência e publicidade dos dados analisados e gerados*. Considerando que a avaliação das políticas não se esgota no controle interno, mas que entidades e profissionais independentes podem ter interesse, ou objetivo institucional de acompanhar a gestão pública das medidas de fomento financeiro, é fundamental que os dados relativos à sua execução sejam disponibilizados em sites oficiais, assegurando-se o caráter oficial das informações e o sigilo (apenas daquilo que for estratégico ou protegido por lei).

O dever de publicidade e transparência das avaliações feitas, contudo, revela três pontos sensíveis. O primeiro, relativo ao caráter estratégico da publicidade. Como o TCU já indicou, é necessário evitar que eventuais fragilidades de políticas em vigor – que permitam utilização indevida por agentes fomentados – venham a público e favoreçam novos desvios[256].

[256] Neste sentido foi a justificativa do Min. Relator do Acórdão n. 1905/2014 – Plenário, para manter sob sigilo parte da instrução: "a exposição e fragilidades, deficiências e eventos de risco que, se de conhecimento do mercado beneficiado pelas políticas públicas de renúncia tributária, poderão ser usados para beneficiamento indevido de empresas e pessoas". n. 1905/2014 – Plenário, Processo Relatório de Levantamento RL n. 015.436/2013-6, relator Min. Augusto Sherman, p. 56.

O segundo envolve o sigilo fiscal de documentos que retratem a situação econômico-financeira dos agentes fomentados, nos termos do CTN (art. 198), e que podem restringir em parte o acesso público a dados que revelem os resultados da política de fomento – sobretudo quando envolve benefícios fiscais. O terceiro diz respeito ao sigilo bancário que muitas vezes é utilizado como argumento para afastar a transparência na concessão de incentivos creditícios (previsto no art. 5º, X e XII, da CF e art. 6 da LC 105/2001). Segundo Moccia, especialmente no caso de contas de entes públicos junto a instituições financeiras públicas, seria inaplicável o sigilo bancário, pois estas informações não conteriam segredos comerciais ou aspectos da intimidade de um cidadão ou empresa que justificasse o sigilo[257].

A publicidade decorre não apenas do art. 37, caput, da Constituição, mas da participação do Brasil desde 2011 no programa internacional de Parceria para o Governo Aberto – *Open Government Partnership* (*OGP*), que redundou na Lei de Acesso à Informação e na Política de Dados Abertos (Lei n. 12.572/2011 e Decreto s/n de 15 de setembro de 2011), ambos com foco na melhoria da gestão pública, o estímulo ao controle social e à inovação.

Por fim, é importante que haja métrica por parte dos gestores responsáveis pela avaliação das políticas. Isto é, que a partir das metas e objetivos das políticas de fomento, sejam estabelecidos parâmetros para avaliação dos resultados obtidos. Isso se aplica tanto aos efeitos diretos como indiretos, na medida em que uma política de fomento pode ter como meta o aumento de exportações em x bilhões, ou a redução de *déficit* da balança comercial em percentual y, e como efeito indireto pretendido a geração de empregos, o adensamento da cadeia produtiva, dentre outros.

A análise de resultados deve refletir, portanto, o volume de investimentos privados realizados no sentido pretendido pela Administração Pública; mas também outros indicadores relevantes em termos

[257] (MOCCIA, 2015, p. 261-275). A autora menciona ainda decisão do TCU que teria afastado a aplicação do sigilo fiscal como argumento para banco público negar envio de informações a serem analisados por aquela Corte. Neste sentido, o acórdão n. 29.370/2013, referido por MOCCIA, 2015, p. 272.

de desenvolvimento socioeconômico. Eis porque, antes de iniciar a análise de resultados, há que se estruturar – em cada unidade avaliadora das políticas – os indicadores que serão utilizados, que deverão guardar relação com os objetivos diretos e indiretos da política de fomento público.

4. CONCLUSÃO

O estudo teórico da função administrativa de fomento público, associado à miríade de instrumentos legislativos e de dispositivos constitucionais relativos ao tema, permite concluir que há parâmetros jurídicos para orientar o exercício da atividade de incentivo. Isso mesmo diante dos espaços de reflexividade que são, necessariamente, atribuídos ao administrador, para permitir que sua utilização seja constantemente adequada às mudanças do processo econômico e das necessidades públicas.

Nada obstante, a análise de caso desenvolvida no Capítulo dois confirmou – ainda que sem a pretensão de esgotar a análise das medidas de fomento financeiro existentes – que aqueles parâmetros jurídicos não vêm sendo considerados nas políticas instituídas, ou em vigência, para o setor automotivo (um dos mais beneficiados com medidas de incentivo).

Este fato, somado aos inúmeros riscos que podem impedir o êxito da função (tornando ineficaz o dispêndio de recursos públicos), revelou a necessidade de se trazer o tema de planejamento e governança da Administração Pública, que não são novos, ao estudo do fomento público financeiro, pois muitas das falhas identificadas na execução das medidas desta natureza referem-se ao processo de definição das escolhas administrativas.

Neste sentido, e em linha com as conclusões do relatório divulgado pelo Banco Mundial em 2017, que analisou a ineficiência dos gastos públicos no Brasil (inclusive direcionados ao setor privado), e com o Decreto de Governança Pública em vigência desde novembro de 2017, concluiu-se que é necessário aperfeiçoar o processo de escolhas relacionadas ao fomento financeiro. O que perpassa por melhorias em todas as quatro etapas em que se pode dividir o processo para exercício da atividade administrativa: planejamento das medidas, sua estruturação, implementação e governança (aqui compreendida enquanto monitoramento e avaliação de resultados).

Estas diretrizes jurídicas, somadas à criação ou aperfeiçoamento de métodos econômicos para planejamento (incluindo análises de custo-benefício e de impacto) e avaliação de resultados parecem ser as formas mais adequadas para mitigar os riscos que afetam o êxito das políticas de fomento público financeiro, que impedem que os seus instrumentos sirvam de efetivo meio para o desenvolvimento socioeconômico e alcance de fins públicos.

Com efeito, se a atuação estatal na economia parte da premissa de que a sua perspectiva global torna estratégico o planejamento econômico pelo Estado (para corrigir falhas de mercado ou conduzi-lo a alcançar objetivos públicos), é necessário que as escolhas administrativas relacionadas ao fomento público retratem, de fato, esse processo de direcionamento público de investimentos privados. E não o contrário, como muitas vezes parece ocorrer. O fomento não pode servir para condução dos investimentos públicos por interesses privados, seja por *lobby* ou por suposta dependência do setor – isso revela uma completa inversão do exercício da função (desvio de finalidade).

Ademais, o fomento financeiro deve se voltar a transformações estruturais, redução de desigualdades regionais e desenvolvimento socioeconômico, e não servir apenas de *constante apoio conjuntural* (paradoxo proposital para retratar o permanente financiamento público de atividades privadas, sob o pretexto de medida anticíclica) a setores da economia a cada crise internacional ou recessão econômica. Aliás, esta perspectiva de fomento nem sequer se coaduna com o significado do termo: socorrer não é estimular, fomentar, incentivar, mas auxiliar – com vistas a contornar situação crítica.

E se por um lado o fomento financeiro, em sentido transformador, parece não vir ocorrendo por atuação do setor privado, que demanda constate apoio público (talvez já acostumado com os auxílios disponíveis), não há como negar que há, de outro, interesses do próprio setor público em manter os agentes privados dependentes de suas benesses – a perspectiva de regulação enquanto oferta e demanda, de Stigler, parece ser atual no fomento público.

Há, pois, necessidade de se alterar a cultura dos agentes privados – que, muitas vezes, exigem auxílio público financeiro para o exercício de atividades econômicas, quando isso deveria ser um estímulo, e não uma necessidade. E, por outro lado, mudar a forma como a Administração Pública vem se utilizando dos instrumentos de fomento a partir de recursos públicos. Neste sentido, deve-se incrementar o processo de definição de escolhas administrativas, regulamentando o seu procedimento de forma a adequá-lo aos parâmetros jurídicos (desde o planejamento até a avaliação de resultados) e, assim, viabilizar também um controle social e externo, por parte do TCU e do próprio judiciário, coibindo-se os desvios com que vem sendo executada.

Sabe-se que o distanciamento das políticas de fomento até hoje vigentes em relação ao *dever-ser* aqui retratado decorre, em grande parte, do costume e da pré-compreensão que sociedade e Estado tem a respeito desta atividade administrativa, da forma como foi exercida ao longo dos anos. Isso não significa que a função não deva ser gradualmente aperfeiçoada à luz de critérios jurídicos – eis o escopo, de caráter contributivo, do estudo ora desenvolvido.

REFERÊNCIAS

ANDRADE, José Maria Arruda de. Como entender os benefícios tributários, financeiros e creditícios. **Revista Consultor Jurídico**, 2017. (Estado da Economia) Disponível em: <http://www.conjur.com.br/2017-jul-09/estado-economia-cono-entender-beneficios-tributarios-financeiros-crediticios>. Acesso em 05 out. 2017.

ARAGÃO, Alexandre Santos de. **Agências reguladoras e a evolução do direito administrativo econômico**. Rio de Janeiro: Forense, 2002.

—. Fungibilidade da atuação direta do Estado na economia com a regulação e o fomento. **RDPE**, Belo Horizonte, v. 14, n. 56, p. 9-21, out./dez. 2016.

ARIÑO ORTIZ, Gaspar. **Principios de Derecho Público Económico**. Granada: Comares, 2004.

BALEEIRO, Aliomar. **Direito Tributário Brasileiro**. 17. ed. Rio de Janeiro: Forense, 1999.

—. **Limitações Constitucionais ao Poder de Tributar**. 8. ed. São Paulo: Forense, 2010.

BANCO MUNDIAL. **Um ajuste justo**: análise da eficiência e equidade do gasto público no Brasil. 2017. Disponível em: <http://documents.worldbank.org/curated/en/884871511196609355/pdf/121480-REVISED-PORTUGUESE-Brazil-Public-Expenditure-Review-Overview-Portuguese-Final-revised.pdf>. Acesso em: 01 dez. 2017.

BARBOSA, Nelson. Inovar-auto foi mais que proteção temporária e não é hora de ficar sem política. **Blog do IBRE**, 2018. Disponível em <https://blogdoibre.fgv.br/posts/inovar-auto-foi-mais-que-protecao-temporaria-e-nao-e-hora-de-ficar-sem-politica-automotiva>. Acesso em: 4 set. 2020.

BECKER, Gary S. A theory of competition among pressure groups for political influence. **The Quarterly Journal of Economics,** Oxford, v. 98, n. 3, 1998, p. 371-400.

BEDÊ, Marco Aurélio. **A indústria automobilística no Brasil nos anos 80**: a proteção efetiva, reestruturação e política industrial. 1996. 188 f. Tese (Doutorado em Administração e Economia) – Universidade de São Paulo, São Paulo, 1996.

BERCOVICI, Gilberto. Estado, planejamento e direito público no Brasil contemporâneo. In.: CARDOSO JUNIOR, José Celso; SANTOS, Eugênio A. Vilela dos (Org.). **PPA 2012-2015**: experimentalismo institucional e resistência burocrática. Brasília: IPEA, 2015. p. 19-36. Disponível em: <http://www.ipea.gov.br/portal/images/stories/PDFs/livros/livros/livro_ppa_vol_2_web.pdf>. Acesso em: 11 out. 2017.

BOBBIO, Norberto. **Da estrutura à função**: novos estudos de teoria do direito. Barueri: Manole, 2007.

BRASIL. Ministério da Economia. **Rota 2030, Mobilidade e Logística.** 2018. Disponível: <http://www.mdic.gov.br/index.php/competitividade-industrial/setor-automotivo/rota2030#:~:text=O%20Programa%20Rota%202030%20%2D%20Mobilidade,um%20regime%20tribut%C3%A1rio%20especial%20para>. Acesso em: 4 set. 2020.

BRESSER-PEREIRA, Luiz Carlos. **A reforma do estado para a cidadania**: reforma gerencial brasileira na perspectiva internacional. São Paulo: Ed. 34, 1998.

BRESSER-PEREIRA, Luiz Carlos; NASSIF, André; FEIJÓ, Carmem. A reconstrução da indústria brasileira: a conexão entre o regime macroeconômico e a política industrial. **Revista de Economia Política**, São Paulo, v. 36, n. 3, jul./set. 2016.

BRESSER-PEREIRA, Luiz Carlos. Reflexões sobre a Reforma Gerencial Brasileira de 1995. **Revista do Serviço Público**, v. 50, n. 4, p. 5-30, 1999.

BUENO ARMIJO, Antonio. **El concepto de subvención en el ordenamiento jurídico español**. Bogotá: Universidade Externado de Colombia, 2013.

CAGGIANO, Heloisa Conrado. Os subsídios governamentais em concessões comuns: natureza jurídica do repasse público e a sua legalidade. In.: **Teoria do Estado regulador.** (v. 2) Curitiba: Juruá, 2017. p. 163-183.

CALANDRO, Mari Lucrécia. A indústria automobilística brasileira: integração produtiva no Mercosul, regimes automotivos e perspectivas. **Indicadores Econômicos,** Porto Alegre, v. 28, n.1, p. 116-136, 2000. Disponível em: <https://revistas.fee.tche.br/index.php/indicadores/article/view/1661>. Acesso em: 05 nov. 2017.

CARVALHO, Carlos Henrique Ribeiro de. Emissões relativas de poluentes do transporte motorizado de passageiros nos grandes centros urbanos brasileiros. **IPEA**, Rio de Janeiro, n. 1606, abr. 2011. Disponível em: < http://www.ipea.gov.br/portal/images/stories/PDFs/TDs/td_1606.pdf>. Acesso em: 25 out. 2017.

CATÃO, Marcos André Vinhas. **Regime jurídico dos incentivos fiscais**. Rio de Janeiro: Renovar. 2004.

COELHO, Leonardo. **Direito Administrativo como caixa de ferramentas**: uma nova abordagem da ação pública. São Paulo: Malheiros, 2017.

COSTA, Rodrigo Morem da. A indústria automobilística no Brasil e o Plano Nacional de Exportações. **Indicadores Econômicos**, Porto Alegre, v. 44, n. 1, p. 17-32, 2016.

DE LA RIVA, Ignacio M. La figura del fomento: necesidad de encarar uma visión conceptual. In.: UNIVERSIDAD AUSTRAL. **Servicio Público, Polícia y Fomento**: jornadas organizadas por la Universidad Austral. 2. ed. Buenos Aires: RAP, 2005. p. 413-422. Disponível em: <http://www.revistarap.com.ar/Derecho/regulacion_servicios_publicos/servicios_publicos/la_figura_del_fomento_necesida.html>. Acesso em: 03 dez. 2017.

DE NEGRI, Fernanda et al. Setor automotivo. In.: DE NEGRI, João Alberto; LEMOS, Mauro Borges (Org.). **O núcleo tecnológico da indústria brasileira**: volume 1. Brasília: IPEA; FINEP; ABDI, 2011. p. 313-408.

DE NEGRI, João Alberto. O custo de bem-estar do regime automotivo brasileiro. **Pesquisa e Planejamento Econômico**, Rio de Janeiro, v. 29, n. 2, p. 215-242, ago. 1999.

FERRAZ JUNIOR, Tercio Sampaio. **Teoria da norma jurídica**: ensaio de pragmática da comunicação normativa. 5. ed. São Paulo: Atlas, 2016.

FERREIRA, Paulo Cavalcanti Gomes. Política industrial no Brasil: ineficaz e regressiva. **Econômica**, Rio de Janeiro, v. 5, n. 2, p. 305-316, 2003.

FRAZÃO, Ana. **Empresa e propriedade**: função social e abuso de poder econômico. São Paulo: Quartier Latin, 2006.

—. **Função social da empresa**: repercussões sobre a responsabilidade civil de controladores e administradores de S.As. Rio de Janeiro: 2011.

GRAU, Eros Roberto. **A ordem econômica na constituição de 1988**. 17. ed. São Paulo: Malheiros, 2015.

—. **Planejamento econômico e regra jurídica.** São Paulo: Revista dos Tribunais, 1978.

GUERRA, Oswaldo. Política Industrial e Competitividade. **Organizações & Sociedade**, Salvador, v. 4, n. 8, p. 39-56, abr. 1997.

GUERRA, Sérgio. **Discricionariedade, regulação e reflexividade**: uma nova teoria sobre as escolhas administrativas. 3. ed. Belo Horizonte: Fórum, 2015.

GUERRA, Sérgio (Org.). **Regulação no Brasil**: uma visão multidisciplinar. Rio de Janeiro: FGV, 2014b.

JORDANA DE POZAS, Luis. Ensayo de una teoría del fomento en el derecho administrativo. **Revista de Estudios Politicos**, n. 48, p. 41-54, 1949.

JUSTEN FILHO, Marçal. Serviços de interesse econômico geral no Brasil: os Invasores. In.: WALD, Arnoldo; JUSTEN FILHO, Marçal; PEREIRA, Cesar Augusto Guimarães (coord.) **O direito administrativo na atualidade**: estudos em homenagem ao centenário de Hely Lopes Meirelles. São Paulo: Malheiros, 2017. p. 785-819.

KANAYAMA, Rodrigo Luís. **Orçamento público**: execução da despesa pública, transparência e responsabilidade fiscal. Rio de Janeiro: Lumen Juris, 2016.

KELSEN, Hans. **Teoria Geral das Normas**. Porto Alegre: Sergio Antonio Fabris editor, 1986.

KLEIN, Aline Lícia. O fomento industrial e a concorrência no mercado interno. **Revista do IBRAC**, v. 10, p. 9-38, jan. 2003.

LANDES, William M.; POSNER, Richard A. Causation in Tort Law: An Economic Approach. **The Journal of Legal Studies,** v. 12, n. 1, p. 109-134, jan. 1983.

MARQUES NETO, Floriano de Azevedo. O fomento como instrumento de intervenção estatal na ordem econômica. **RDPE**, Belo Horizonte, v. 8, n. 32, p. 57-71, out./dez. 2010.

MARQUES NETO, Floriano de Azevedo; KLEIN, Aline Lícia. **Tratado de direito administrativo**: funções administrativas do estado. São Paulo: Revista dos Tribunais, 2014. (Tratado de Direito Administrativo, 4).

MARTELLO, Alexandro. Renúncia fiscal soma R$ 400 bi em 2017 e supera gastos com saúde e educação. **G1**, 2017. Disponível em: <https://g1.globo.com/economia/noticia/renuncia-fiscal-soma-r-400-bi-em-2017-e-supera-gastos-com-saude-e-educacao.ghtml>. Acesso em: 05 dez. 2017.

MELLO, Celia Cunha. **O Fomento da Administração Pública**. Belo Horizonte: Del Rey, 2003.

MELLO, Celso Antônio Bandeira de. **O conteúdo jurídico do princípio da igualdade**. 3. ed. São Paulo: Malheiros, 2014.

—. **Princípios Constitucionais de direito administrativo sancionador: as sanções administrativas à Luz da Constituição Federal de 1988**. São Paulo: Malheiros, 2007.

MENDONÇA, José Vicente Santos de. **Direito Constitucional econômico**: a intervenção do Estado na economia à luz da razão pública e do pragmatismo. Belo Horizonte: Fórum, 2014.

—. Uma teoria do fomento público: critérios em prol de um fomento público democrático, eficiente e não-paternalista. **Revista de direito da Procuradoria Geral do Estado do Rio de Janeiro**. Rio de Janeiro, v. 65, p. 115-176, 2010. Disponível em <https://www.pge.rj.gov.br/comum/code/MostrarArquivo.php?C=MTE0OA%2C%2C>. Acesso em: 15 out. 2017.

MENDONÇA, José Vicente Santos de; SOUZA NETO, Claudio Pereira de. Fundamentalização e fundamentalismo na interpretação do princípio constitucional da livre iniciativa. In.: SOUZA NETO, Claudio Pereira de; SARMENTO, Daniel (Coord.). **A Constitucionalização do Direito**: fundamentos teóricos e aplicações específicas. Rio de Janeiro: Lumen Juris, 2007.

MESQUITA, Daniel Leite et al. Aspectos Institucionais da Inovação: uma análise acerca dos Regimes Automotivos Brasileiros de 1995 e 2012. In: Congresso Latino-Iberoamericano de Gestão de Tecnologia, 15., 2013, Portugal. **Anais...** Porto: ALTEC, 2013. p. 1-18. Disponível em: <http://www.altec2013.org/programme_pdf/671.pdf>. acesso em 15 nov. 2017.

METALÚRGICOS defendem interesses dos trabalhadores no Rota 2030. **Tribuna Metalúrgica**, n. 4114, p. 3-4, ago. 2017. Disponível em: <http://www.smabc.org.br/interag/tribuna_pdf/%7B4027B248-1678-410B-949C-D39EC26165D6%7D_TM4114%20lores.pdf>. Acesso em: 07 dez. 2017.

MOCCIA, Maria Hermínia P. S. **Parâmetros para a utilização do Fomento Público Econômico: empréstimos pelo BNDES em condições favoráveis.** Rio de Janeiro: Lumen Juris, 2015.

MOREIRA, Egon Bockmann. Desenvolvimento Econômico, Políticas Públicas e Pessoas Privadas. . In.: NUNES, António José Avelãs; COUTINHO, Jacinto Nelson de Miranda (Coord.). **O direito e o futuro**: o futuro do direito. Coimbra: Almedina, 2008. p. 535-570.

—. Passado, presente e futuro da regulação econômica no Brasil. **RDPE**, Belo Horizonte, v. 11, n. 44, p. 87-118, out./dez. 2013.

—. Qual é o futuro do direito da regulação no Brasil? In.: SUNDFELD, Carlos Ari; ROSILHO, André (Org.). **Direito da regulação e políticas públicas**. São Paulo: Malheiros, 2014. p. 107-139.

MOREIRA, Vital. **A auto-regulação profissional e administração pública**. Coimbra: Almedina, 1997.

—. Os serviços públicos tradicionais sob o impacto da União Europeia. **RDPE**, Belo Horizonte, v. 1, n. 1, p. 227-248, jan./mar. 2003.

MOREIRA NETO, Diogo Figueiredo. **Curso de Direito Administrativo**. 15. ed. Rio de Janeiro: Ed. Forense. 2009.

OLIVEIRA, Rafael. **Novo perfil da regulação estatal:** administração pública de resultados e análise de impacto regulatório. Rio de Janeiro: Forense, 2015.

OSÓRIO, Fabio Medina. **Direito administrativo sancionador**. 5. ed. São Paulo: Revista dos tribunais, 2015.

PESSOA, Samuel. Inovar-Auto não foi um sucesso. **Blog do IBRE**, 2018. Disponível em <https://blogdoibre.fgv.br/posts/inovar-auto-nao-foi-um-sucesso>. Acesso em: 4 set. 2020.

PORTO, Antônio José Maristrello. Análise Econômica da Responsabilidade Civil. In.: TIMM, Luciano Benetti (Org.). **Direito e Economia no Brasil.** São Paulo: Atlas, 2012. p. 180-200.

POSNER, Richard A. Theories of Economic Regulation. **The Bell Journal of Economics and Management Science**, v. 5, n. 2, 1974, p. 335-358.

PSDB. **Plano de Governo FHC – 99-02**. 2002. Disponível em: <http://www.psdb.org.br/z-outros/eleicoes-biblioteca/plano-de-governo-fhc-%E2%80%93-99-02/>. Acesso em: 26 maio 2017.

SANTI, Eurico Marcos Diniz de; FERRAGUT, Maria Rita. Crédito tributário, lançamento e espécies de lançamento tributário. In.: SANTI, Eurico Marcos Diniz de (Coord.). **Curso de especialização em direito tributário**. São Paulo: Forense, 2005.

SCHAPIRO, Mario G. Ativismo estatal e industrialismo defensivo: instrumentos e capacidades na política industrial brasileira. **IPEA**, Rio de Janeiro, n. 1856, ago. 2013. Disponível em: <http://repositorio.ipea.gov.br/bitstream/11058/2922/1/TD_1856.pdf>. Acesso em: 29 set. 2017.

—. O estado pastor e os incentivos tributários no setor automotivo. **Revista de economia política**, v. 37, n. 2, p. 437-455, abr./jun. 2017.

SCHOUERI, Luís Eduardo. **Normas tributárias indutoras e intervenção econômica.** Rio de Janeiro: Forense, 2005.

SHYMURA, Luiz Guilherme. Regulação e aspectos institucionais brasileiros. In.: GUERRA, Sérgio (Org.). **Regulação no Brasil**: uma visão multidisciplinar. Rio de Janeiro: FGV, 2014. p. 247-260.

SILVA, Almiro do Couto e. Princípios da legalidade da administração pública e da segurança jurídico no Estado de Direito Contemporâneo. **RPGE**, Porto Alegre, v. 27, n. 57, dez. 2003a, p. 13-34. Disponível em: <http://www.pge.rs.gov.br/upload/arquivos/201707/06143930-rpge57livrocadernosalmiro.pdf>. Acesso em: 25 out. 2017.

SILVA, Suzana Tavares da. O Uso de recursos renováveis na energia: a revisitação do princípio jurídico-constitucional da protecção da confiança legítima dos investidores a pretexto dos modelos de financiamento da produção de energia eléctrica a partir de FER. In.: — (Coord.). **Desafios actuais em matéria de sustentabilidade ambiental e energética**. Coimbra: Instituto Jurídico da Faculdade de Direito da Universidade de Coimbra, 2015. p. 73-95.

SOUTO, Marcos Juruena Villela. **Aspectos jurídicos do planejamento econômico.** 2. ed. Rio de Janeiro: Ed. Lumen Juris, 2000.

—. **Direito administrativo regulatório.** Rio de Janeiro: Lumen Juris, 2002.

SOUZA, Rodrigo Pagani de. **Controle estatal das transferências de recursos públicos para o terceiro setor**. 2010. 524 f. Tese (Doutorado em Direito) – Universidade de São Paulo, São Paulo, 2010.

SOUZA, Washington Peluso Albino de. Conflitos ideológicos na constituição econômica. **Revista Brasileira de Estudos Políticos**, Belo Horizonte, n. 74-75, p. 17-39, jan./jul. 1992.

STIGLER, George J. Theory of economic regulation. In.: _____. **The citizen and the State***:* essays on regulation. Chicago: The University of Chicago Press, 1988. p. 114-141

SUNDFELD, Carlos Ari. **Direito administrativo ordenador**. São Paulo: Malheiros, 2003.

—. Direito Público e Regulação no Brasil. In.: GUERRA, Sérgio (Org.). **Regulação no Brasil**: uma visão multidisciplinar. Rio de Janeiro: FGV, 2014. p. 97-128.

SUNDFELD, Carlos Ari; ROSILHO, André. Direitos e Políticas Públicas: dois mundos? In.: — (Org.). **Direito da regulação e políticas públicas**. São Paulo: Malheiros, 2014. p. 45-79.

TONI, Jackson Silvano de. Dez anos da política industrial: conquistas e desafios a superar. **Carta capital**, 2014. Disponível em: <https://www.cartacapital.com.br/economia/dez-anos-da-politica-industrial-brasileira-conquistas-e-desafios-a-superar-2913.html>. Acesso em: 02 abr. 2014.

TORRES FILHO, Ernani T. Crédito direcionado e direcionamento do crédito: situação atual e perspectivas. **Revista do BNDES**, Rio de Janeiro, v. 13, n. 25, p. 35-50, jun. 2006. Disponível em: <https://www.bndes.gov.br/SiteBNDES/export/sites/default/bndes_pt/Galerias/Arquivos/conhecimento/revista/rev2502.pdf>. Acesso em: 11 out. 2017.

TRISOTTO, Fernanda. Montadoras ganharam R$ 28 bilhões em renúncias fiscais em 12 anos. Valeu a pena?. **Gazeta do Povo**, 2017. Disponível em: <http://www.gazetadopovo.com.br/politica/republica/montadoras-ganharam-r-28-bilhoes-em-renuncias-fiscais-em-12-anos-valeu-a-pena-cqv7zquxoh3lsskcw6hzr0yfv>. Acesso em: 05 dez. 2017.

TRUBEK, David M.; COUTINHO, Diogo R.; SCHAPIRO, Mario G. **New state activism in Brazil and the challenge for Law**. 2012. Disponível em: <http://iglp.law.harvard.edu/wp-content/uploads/NSAHarvardDraft_Trubek_etal.pdf>. Acesso em: 29 set. 2017.

VALIM, Rafael. **A subvenção no direito administrativo brasileiro**. São Paulo: Contracorrente. 2015.

WILBERT, Marcelo Driemeyer et al. Redução do imposto sobre produtos industrializados e seu efeito sobre a venda de automóveis no Brasil: uma análise do período de 2006 a 2013. **Revista Contemporânea de Contabilidade**, Florianópolis, v. 11, n. 24, p. 107-124, set./dez. 2014.

ZAULI, Eduardo Meira. Políticas Públicas e Targeting Setorial: efeitos da nova política industrial sobre o setor automobilístico brasileiro. **Revista de Economia Política**, v. 20, n. 3(79), p. 76-82, jul./set. 2010.

